Jülich
Bergheim
KÖLN
Aldenhoven
Frechen
Overath
Rösrath
Hürth
Brühl
Kerpen
Eschweiler
Düren
Erftstadt
Troisdorf
Siegburg
Hennef
Stolberg
Bornheim
BONN
St. Augustin
Königswinter
Nideggen
Heimbach
Zülpich
Euskirchen
Rursee
Kloster Mariawald
Satzvey
Kommern
Mechernich
Bad Münstereifel
Monschau
Vussem
Kall
Steinfeld
Schleiden
Hellenthal
RHEIN
Altenkirchen
Hachenburg
Bad Honnef
Bad Hönningen
Westerwald
Bad Neuenahr-Ahrweiler
Bad Breisig
AHRGEBIRGE
Ransbach-Baumbach
Neuwied
Andernach
Blankenheim
Nohn
Dahlem
Laacher See
Koblenz
Metternich
Mendig
Nürburg
Mayen
Monreal
Kobern-Gondorf
Lahnstein
Bad Ems
Nassau
SCHNEIFEL
Kasselburg
Gerolstein
HOHE EIFEL
Ulmener Maar
Burg Eltz
Karden
Treis
Prüm
Daun
Boppard
MOSEL
Cochem
Dauner Maare
Brockscheid
Bremm
Emmelshausen
St. Goarshausen
St. Goar
Loreley
Manderscheid
Pulvermaar
MOSENBERG
Kyllburg
Kastellaun
Bacharach
Lorch
Röm. Villa Otrang
Wittlich
Zell
Rheinböllen
Rüdesheim
Kröv
Simmern
Bitburg
Gondorf
Traben-Trarbach
Bingen
Ingelheim
Bernkastel-Kues
Schweich
HUNSRÜCK
BAD KREUZNACH
Bollendorf
Echternach
Bad Sobernheim
NAHE
TRIER
Kirn

DIE EIFEL im Farbbild
Colourful EIFEL
Le Massif romantique de L´Eifel

Von Aachen zum Monschauer Land

Nordeifel - von Nideggen zum Rursee

Region Euskirchen bis Bad Münstereifel

Entlang der romantischen Ahr

Durch das idyllische Kylltal

Die Südeifel

Von der Römerstadt Trier entlang der Mosel

Durch die Vulkaneifel

Von der Region Mayen zum Laacher See

DIE EIFEL
IM FARBBILD
In 9 Kapiteln der Eifel-Regionen

Colourful EIFEL
L´EIFEL en couleurs

Pulvermaar in der Vulkaneifel

ZIETHEN-PANORAMA VERLAG

Die EIFEL in 9 Kapiteln

Romantisches Mittelgebirge EIFEL

Es waren vor allem die Maler der Düsseldorfer Schule wie Fritz von Wille, die zu Wegbereitern des Fremdenverkehrs in die Eifel wurden. Mit ihren Bildern von den Vulkanen, den Vulkanseen, den Maaren, den vom Gold des blühenden Ginster leuchtenden Hängen, den Burgen, Klöstern und kleinen romantischen Fachwerkstädtchen kündeten sie von den landschaftlichen Schönheiten des Berglandes zwischen Rhein und Westgrenze, zwischen Mosel und Aachener Becken.

Ende der 20er Jahre machten die Bewohner der nahegelegenen Großstädte die Eifel zum beliebten Ausflugsziel, wenn auch zunächst nur an den Wochenenden. Heute ist sie nicht nur eine der meistbesuchten Naherholungslandschaften, auch als Feriengebiet ist die Eifel längst über den Status eines Wochenendzieles hinausgewachsen. Dies liegt nicht zuletzt am Besucherzustrom aus Belgien und Holland.

Die Geologen sind schon vor weit mehr als hundert Jahren ins Schwärmen geraten, wenn die Rede auf die Eifel kam. Für die Wissenschaftler, die sich mit der Entstehung und der Entwicklung der Erde befassen, war das Bergland im Städteviereck von Aachen, Köln, Koblenz und Trier schon seit jeher so etwas wie ein „Geschenk Gottes". Der damals weltberühmte deutsche Geologe Leopold von Buch hat die Eifel einmal als das schönste und beste Lehrbuch der Geologie bezeichnet. Er meinte sogar, es gäbe auf der ganzen Welt nichts, was man mit der Eifel vergleichen könne. Allenfalls in der französischen Vulkanlandschaft der Auvergne könne man etwas Ähnliches ausmachen.

Steht man auf einer herausragenden Höhe der Eifel, etwa auf der Hohen Acht, dem mit 747 Metern höchsten Punkt des Berglandes, und schaut in die Runde, eröffnet sich eine bemerkenswerte Landschaft. Sie erweckt den Eindruck, als hätten gigantische Maulwürfe vor langer Zeit Hügel aufgeworfen, die sich im Laufe der Zeit mit Wiesen und Wäldern bedeckten.

The romantic hill country of the EIFEL

Painters, first and foremost painters of the Düsseldorf school such as Fritz von Wille, were the pioneers of tourism in the Eifel. Their paintings of the volcanoes and volcanic lakes, the maars, of hillsides golden with gorse, of castles, monasteries and romantic little towns with their timbered houses extolled the beauty of the hill country between the Rhine and Germany's western border, between the Moselle and the Aachen basin.

A real boom set in at the end of the twenties, at first only at weekends. All of a sudden the railways were selling as many Sunday excursions to Gerolstein in the Eifel as they had done previously to such well-known destinations as Rüdesheim or Assmanshausen. Today, the countryside of the Eifel is a real favourite among people from the nearby Rhineland, and has long since shed its reputation as just a place for a day out at the weekend but became a real holiday destination, not least due to the number of visitors from Belgium and Holland.

Well over a hundred years ago there was just one group of people who really got carried away at the mention of the Eifel: geologists. The hill country in the rectangle formed by Aachen, Cologne, Koblenz and Trier has always been something of a miracle for scientists concerned with the origins and the development of this planet. The then world-famous German geologist Leopold von Buch once called the Eifel the finest and best textbook on geology imaginable. In fact he thought there was nothing in the world to match it. Save perhaps the French Auvergne with its many extinct volcanoes - though that lacked the maars and crater lakes that are one of the special attractions of the Eifel.

If you stand on top of one of the prominent peaks of the Eifel, for example the 747-metre high Hohe Acht, the highest point in the region, and look out over the countryside round about, you see a landscape of giant hills that look as though they were

Le Massif romantique de L´EIFEL

Les peintres, ceux qui ont en outre fréquenté l'école de Duesseldorf tel Fritz von Wille, furent les précurseurs du tourisme dans la région de l'Eifel. Leurs tableaux, représentant volcans, lacs de volcan, lacs de cratère, pentes, qui, garnis de genêts, les font reluire comme de l'or, châteaux forts, abbayes et petites villes à maisons à colombages au visage romantique, dévoilèrent les beautés du paysage du pays de montagnes situé entre le Rhin et la frontière ouest et entre la Moselle et le bassin d'Aix-la-Chapelle.

A la fin des années vingt, un véritable boom touristique fit son apparition dans la région de l'Eifel, et ceci, malgré que les foules de touristes ne s'y rendirent au début que pendant le week-end. Et cela fait longtemps qu'elle n'est plus considérée comme un lieu d'excursion pour le week-end, notamment de par les touristes provenant des pays plats que sont la Belgique et la Hollande.

Les géologues rien qu'à entendre prononcer le mot Eifel, furent pris d'un engouement. Le massif de l'Eifel, s'étendant jusqu'aux villes d'Aix-la-Chapelle, de Cologne, de Coblence et de Trèves, était aux yeux des hommes de science, dont l'activité principale est d'étudier la naissance et le développement de la terre, depuis bien longtemps un véritable cadeau du ciel. Le géologue allemand Leopold von Buch, qui à son époque était célèbre dans le monde entier, dit un jour de l'Eifel qu'elle était le plus beau et le meilleur livre d'enseignement de la géologie qu'il ne puisse exister au monde. Les seuls paysages lui rapprochant un peu, étaient à la rigueur les paysages parsemés de volcans d'Auvergne.

Si on se trouve sur un sommet dominant tel que la Hohe Acht, dont les 747 mètres de hauteur font de ce massif le point le plus culminant de l'Eifel, on découvrira un paysage de monceaux de terre recouverts de près et de fôrets. Les paysages de tout l'Eifel central et de l'Eifel du sud sont caractérisés par des centaines de cônes volcaniques très impressionnants.

Hunderte Vulkankegel prägen das Landschaftsbild der gesamten mittleren und südlichen Eifel. Natürlich sind das keine Vulkane wie Ätna oder Vesuv, über denen noch immer bedrohliche Rauchwolken schweben. Aber die ersten Menschen, die die Eifel bevölkerten, wurden noch vor etwa 9.000 Jahren Augenzeugen der Ausbrüche des Mosenberges bei Manderscheid oder der Vulkane im heutigen Laacher-See-Gebiet. In dieser Zeit lebten die ersten Eifeler nicht mehr nur in Höhlen, wie dem Buchenloch in der Munterley bei Gerolstein oder der Kakushöhle am Veybach nahe Mechernich, sondern schon in einfachen, von ihnen selbst erbauten Behausungen. Wie Spuren belegen, wurden diese Siedlungen besonders im Laacher-See-Gebiet Opfer der Vulkanausbrüche.

Aus den Kratern der Vulkane quoll glutflüssige Lava, die in die Täler strömte und dabei erkaltete und erstarrte. Besonders schöne Beispiele für solche zu typischen sechskantigen Basaltsäulen erstarrten Lavamassen findet man im Horngraben bei Manderscheid. Die Lava stammte aus dem Mosenberg, dem heute noch markantesten unter den erloschenen Eifelvulkanen. In seinem Krater liegt der einzige echte Kratersee Deutschlands. Denn sein Wasser, das von einem Wall ausgebrannter Lavafelsen umgeben ist, sammelte sich in einem Vulkanschlund, aus dem einst glühende Lava ausgebrochen war. Die anderen Vulkanseen der Eifel sind sogenannte Maare. Ihre Wasserflächen bildeten sich in den Kratern, die lediglich durch Gas- oder Wasserdampfexplosionen aufgerissen wurden. Das gilt sowohl für das Meerfelder Maar bei Manderscheid, als auch für die Dauner Maare mit dem Totenmaar, Schalkenmehrener Maar und Gemündener Maar sowie dem Holzmaar und dem 74 Meter tiefen Pulvermaar bei Gillenfeld. Das Ulmener Maar ist mit 9.500 Jahren das jüngste vulkanische Ereignis der Eifel, heute ist das Maar ein beliebtes Angelparadies. Die warme Quelle, die diesen Maarsee speist, ist ein letztes Zeugnis aus der Zeit, als das flüssige Magma an die Erdoberfläche trat.

thrown up by burrowing moles centuries ago, then got gradually covered with pasture and forest as time went by. The landscape in the whole of the central and southern parts of the Eifel is characterised by these very distinctive volcanic cones. Of course they are not volcanoes like Etna or Vesuvius, which are sometimes still wreathed in smoke today. But the first inhabitants of the Eifel were eyewitnesses 9.000 years ago of eruptions from the Mosenberg near Manderscheid, or the volcanoes in the area where the Laach Lake is today. That was the period when the first Eifeler were no longer cave-dwellers, for example in the Buchenloch in the Munterley area near Gerolstein or the Kakus cave near Eiserfey, but inhabited the first primitive dwellings built by their own hand. Excavations have revealed that settlements round the Laach Lake in particular were destroyed by volcanic eruptions.

Molten lava spilled out of many of the craters, flowed down into the valleys, cooled off and solidified. Particularly fine examples of the hexagonal basalt columns that resulted from this process are to be found in the Horngraben near Manderscheid. The lava came from the Mosenberg, still the finest and most distinctive extinct volcano in the Eifel. In its crater there is the only genuine crater lake in the whole of Germany. Water, surrounded by a wall of burnt out lava rocks, gathered in a chasm in the volcano where molten lava had erupted. The other volcanic lakes in the Eifel are so-called maars. They were formed in craters resulting from explosions of just gas or steam. This is the case with the Meerfeld maar near Manderscheid, the Daun Maars Totenmaar, Schalkenmehr Maar and Gemuend Maar, the Holzmaar and circular Pulvermaar near Gillenfeld (74-metre deep). The picturesque Ulmen Maar and the Immerath Maar, near Bad Bertrich a little off the beaten track, also originated this way.

The Eifel was always a poor region, the climate was and is harsh, and particularly higher up in the hills the soil is rather poor. But there is another decisive factor that contributed to the poverty of the people. No other area in Germany was divided up

Ces volcans ne sont bien entendu pas semblables à ceux de l'Ethna ou du Vésuve au-dessus desquels flottent encore des petits nuages de fumée. Mais il y a presque 9000 ans de cela, les premiers habitants de l'Eifel furent déjà témoins des éruptions du Mosenberg situé près de Manderscheid ou encore de celles des éruptions volcaniques que l'on trouve actuellement dans la région des lacs de Maria Laach. C'était jadis une époque au cours de laquelle les habitants de l'Eifel ne logeaient plus uniquement dans des grottes telles que dans celles du Buchenloch (le « trou dans le hêtre ») située dans la Munterley près de la ville de Gerolstein ou de la Kakushoehle près de Eiserfey, mais déjà dans des premières habitations rudimentaires construites par eux-mêmes. Dans la région des lacs de Maria Laach particulièrement, de telles habitations ont été victimes des éruptions volcaniques comme le témoignent certains vestiges.

Une coulée de lave très brûlante jaillit de certains cratères puis se déversa dans les vallées où elle refroidit et se solidifia. L«Horngraben», qui se trouve près de Manderscheid, constitue un exemple idéal des hautes colonnes basaltiques à forme polygonale ayant pour origine les flots de lave s'étant solidifiés. La lave s'écoula du Mosenberg qui, à l'heure actuelle, représente toujours l'un des plus impressionnants lacs de cratère parmi les cratères éteints de la région de l'Eifel. Au fonds de son cratère, on y trouve le seul véritable lac de cratère d'Allemagne. Car l'eau de ce lac, entourée d'un remblai de roches de lave éteinte, se rassembla dans un gouffre volcanique dans lequel de la lave bouillante avait fait éruption. Les autres volcans de l'Eifel sont ceux que l'on appelle les Maare. Les plans d'eaux de ces lacs de cratère se rassemblèrent dans de tels lacs et, suite à des explosions de gaz ou de vapeurs d'eau s'ouvrirent brusquement. Ceci concerne aussi bien le Meerfelder Maar, près de la ville de Manderscheid, que les lacs de cratère que constituent les Dauner Maare, le Totenmaar, le Schalkenmehrener Maar, le Gemuendener Maar, le Holzmaar et le Pulvermaar, situé près de

Abseits von der Betriebsamkeit der übrigen Maare liegt zwischen Gillenfeld und Bad Bertrich im tief eingesenkten Maarkessel das Immerather Maar versteckt, eines der etwas weniger bekannten, doch darum nicht weniger schönen Maare, bei dem der ursprüngliche natürliche Charakter weitgehend erhalten geblieben ist.

Die Eifel war schon immer ein armes Land. Das Klima war und ist rau, vor allem in den höheren Lagen des Berglandes. Hier ist auch der Boden nicht besonders ertragreich. Aber viel entscheidender für die Armut der Eifeler in früheren Zeiten war die Zersplitterung der Ländereien in viele kleine Herrschaftsgebiete wie nirgendwo sonst in Deutschland. Die mächtigen Eifeler Geschlechter, wie die von Manderscheid, von Blankenheim oder Virneburg, bekämpften sich. Doch auch Feudalherren und Lehnsträger, die Kurfürsten von Köln und Trier sowie die Grafen und später die Herzöge von Luxemburg trugen ihre Fehden in der Eifel aus. Die Menschen die hier lebten, waren die Leidtragenden. Immer wieder wurden sie gnadenlos in die Streitigkeiten hineingezogen. Das ging bis 1945 so, als zum Ende des Zweiten Weltkrieges die Eifel stärker als irgendeine andere ländliche Region in Westdeutschland von Krieg und Kämpfen heimgesucht und zerstört wurde. Die Schlacht um den Hürtgenwald im November 1944 ist als „Stalingrad der Westfront" in die Kriegsgeschichte eingegangen.

Der Burgenreichtum der Eifel hat die Bevölkerung in früheren Zeiten in große Armut gestürzt. Heute zählen diese schönen Burgen zu den wichtigsten kulturhistorischen Sehenswürdigkeiten. Sie wurden zu Keimzellen vieler kleiner romantischer Städte wie Monschau oder Kronenburg, Nideggen und Blankenheim, bis zum Fachwerkwunder Monreal im Süden der Eifel. Einzelne Burgen wie die einmalige Burg Eltz – „die Burg aller Burgen", die sagenumwobene Genovevaburg in Mayen, oder großartige Schlösser, wie das Schloss Bürresheim bei Mayen sind heute ebenso beliebte und viel besuchte Ziele in der Eifel.

into so many minature states and territories. A historical map of the Eifel is like a patchwork quilt. The powerful dynasties of the Eifel, such as the Manderscheiders, Blankenheimers and Virneburgers, were constantly feuding, the more minor lineages were not a jot better. Feudal lords and liege lords, the powerful electors of Cologne and Trier and the Counts – later Dukes – of Luxembourg fought and quarrelled in the Eifel. The people who lived there bore the brunt of it all. They were constantly being drawn into the conflicts and bled for it. This continued right up to 1945, when the Eifel was ravaged in the closing battles of World War II more than any other rural area of West Germany. The Battle of Huertgenwald in November 1944 went down in military history as the "Stalingrad of the west".

The abundance of castles, though it may have been a decisive factor in the poverty of the Eifeler, is now the source of much of the romantic attraction of the region. Castles were the seeds which grew into pretty little towns like Monschau or Kronenburg, Nideggen and Blankenheim in the north, or the timbered wonderland of Monreal in the south. Individual castles like Eltz, the „quintessential castle" as it has been called, the Genovevaburg in Mayen steeped in legend, or magnificent castle palaces like Bürresheim near Mayen are popular places to go and see, as are the many ruined castles tucked away in little valleys that arouse romantic images of times long past.

Many ruined castles have been rebuilt and are distinctive landmarks that beckon the visitor from afar, Pyrmont Castle in the Elz valley for example, or the partially restored Nürburg, once the largest Eifel castle of them all.

Few areas of the Eifel had a climate favourable enough or soil sufficiently promising to ensure the development of really flourishing agriculture. Among them is the area known as the Maifeld (May Field) in the southeastern part of the Eifel; Muenstermaifeld was the site of an important fort

Gillenfeld et qui, avec sa surface d'eau en forme circulaire ayant une profondeur de 74 mètres, représente le lac de montagne le plus profond de l'Allemagne en dehors des Alpes. C'est également de cette manière que naquirent le lac de cratère pittoresque d'Ulmen ou encore l'Immerather Maar qui est situé à l'écart des routes aux environs de la ville de Bad Bertrich.

L'Eifel a toujours été une région pauvre. Comme dans le passé, le climat y est encore rude et en altitude, surtout, le sol n'y est pas particulièrement fertile. Mais la pauvreté des habitants de l'Eifel remonte à des événements beaucoup plus marquants. Aucune autre région d'Allemagne ne possède une carte retraçant son histoire politique aussi multicolore que celle de l'Eifel. Pourquoi? Mis à part dans l'Eifel, nulle part en Allemagne n'existait une si grande quantité de petits et très petits règnes territoriaux religieux et séculiers. Les puissantes familles de l'Eifel telles celles issues de Manderscheid, de Blankenheim ou de Virneburg luttèrent les uns contre les autres et le peuple ne vint pas à leur aide. Les seigneurs féodaux et les vassaux, dont les princes-électeurs de Cologne et de Trèves ainsi que les comtes et plus tard les ducs du Luxembourg en faisaient partie, réglèrent leurs différences dans l'Eifel. Les gens qui vivaient ici en furent les victimes. Ils furent continuellement entrainés dans des querelles et y versèrent tout leur sang.

Bien qu'ils jouèrent un grand rôle dans la pauvreté de la population de l'Eifel, les châteaux forts, très nombreux, confèrent bien entendu à l'Eifel aujourd'hui des curiosités tout aussi remarquables qu'à caractère romantique. Les châteaux forts donnèrent naissance à de magnifiques petites villes dans le nord de l'Eifel comme celles de Monschau ou de Kronenbourg, de Nideggen et de Blankenheim et dans le sud à celle de Monreal, dont les maisons à colombages sont considérées comme de véritables prodiges. Les châteaux forts isolés comme le château fort d'Eltz, que l'on qualifia un jour comme étant le plus splendide de tous les châteaux forts,

Die vielen Burgruinen, die oft versteckt in kleinen Tälern liegen, lassen beim Besucher immer noch das Gefühl der vermeintlichen Romantik längst vergangener Zeiten wach werden. Manche Burgruinen wurden wieder aufgebaut und locken als Blickfang schon von Weitem die Eifelbesucher an. Hierzu gehört neben der Burg Pyrmont im Elztal auch die teilweise restaurierte Nürburg, die einst als die größte Burg der Eifel galt.

Nur wenige Gebiete der Eifel waren klimatisch und von ihrer Bodenbeschaffenheit so begünstigt, dass sich eine blühende Landwirtschaft entwickeln konnte. Dazu gehörte vor allem das sogenannte Maifeld im Südosten der Eifel, wo Münstermaifeld schon zur Zeit der Römer ein bedeutendes Castell war. Hier wurde angeblich der spätere römische Kaiser Caligula geboren. Zur Zeit der Römer war die Eifel ein wichtiges Militärgebiet. Viele Spuren zeugen heute noch davon. Vor allem Trier war für ein paar Jahre sozusagen der Mittelpunkt der Welt. Anfang des vierten Jahrhunderts machte der römische Kaiser Konstantin Trier zur Hauptstadt des weströmischen Reiches, welches seitdem vom Südrand der Eifel regiert wurde. Keine andere Stadt nördlich der Alpen birgt heute noch so viele römische Überreste wie Trier.

Fünfhundert Jahre später wurde Aachen am Nordrand der Eifel unter Karl dem Großen zum Zentrum des riesigen Frankenreiches. Die Gebietseinteilungen der Römer in der Eifel sind im Wesentlichen bis heute bestehen geblieben. Sogar die Grenzen zwischen den Erzbistümern und Kurfürstentümern Köln und Trier, den einst stärksten Rivalen in der Eifel, sind römischen Ursprungs.

Als die Karolinger im Jahre 721 die Benediktinerabtei Prüm gründeten, begann die Zeit der großen Klöster in der Eifel. Der kleine Klosterstaat Prüm, der sich aus dieser Abtei entwickelte, ist schon längst untergegangen. Geblieben ist das Städtchen Prüm am Fuße der Schnee-Eifel, einer Wald- und Moorlandschaft,

way back in Roman times. The Emperor Caligula is said to have been born there.

During the Roman period, the Eifel was an important transit area for the military. There are still visible traces today. In particular in Trier, on the southern edge of the Eifel, which was, for a number of years, the centre of the world. That was at the beginning of the 4th century when the Roman emperor Constantine made Trier, rather than Rome, the capital from which the Western Roman Empire was ruled. No other city north of the Alps has so many Roman remains as Trier.

500 years later it was Aachen's turn, when it became the centre of another huge empire, the Frankish Empire, under Charlemagne. The border established by the Romans to the west has remained largely unchanged right up to the present day. The part of the Eifel in present-day Northrhine Westphalia corresponds more or less to the mountainous part of the Province of Lower Germania, the larger part, now in the Rhineland Palatinate, to the province of Belgium. The borders inherited from the Romans later became the border between the archdioceses and electorates of Cologne and Trier, the two most powerful rivals in the Eifel.

The foundation of the Benedictine abbey in Prüm in 721 by the Carolingians marked the beginning of the period of the great monasteries in the Eifel. The small monastery state of Prüm that developed from the abbey has long since disappeared, but the little town still thrives at the foot of the area of forest and heathland called the Snow Eifel or Schneifel because of the large amount of precipitation and its harsh climate. From here the Kyll, the longest river in the Eifel, winds its way down to the Moselle. Himmerod, the Cistercian abbey supposedly founded by St. Bernhard of Clairvaux, and the Benedictine abbey of Maria Laach on the Laach Lake, the largest volcanic lake in the Eifel, and with one of the finest romanesque churches in the Rhineland built in the style of Speyer Cathedral, were two other important Eifel monasteries. They are still, or

le château fort de Genoveva situé dans la ville de Mayen, ou les châteaux à architecture majestueuse comme celui de Buerresheim près de Mayen sont aujourd'hui des endroits très prisés et très fréquentés comme le sont également les nombreuses ruines,

Seuls quelques endroits de l'Eifel ont un climat favorable et des terres fertiles. De ce fait, l'agriculture s'y est développée de façon très prospère. Maifeld, endroit situé dans le sud-est de l'Eifel, est une de ces régions agricoles prospères. Et c'est également à cet endroit que le château de Muenstermaifeld était déjà à l'époque des Romains un château fort important et où l'empereur romain Caligula fut soi-disant né. Sous l'empire romain, l'Eifel était une zone militaire et de transit importante. De nombreux vestiges en témoignent encore aujourd'hui. Pendant quelques années, la ville de Trèves, située à la frontière sud de l'Eifel, fut avant tout considérée comme le centre du monde. Ceci remonte au début du 4 ème siècle, à l'époque où l'empereur Constantin avait fait de Trèves la capitale de l'antiquité romaine et où l'empire romain occidental n'était plus gouverné par Rome mais par Trèves. Elle est à l'heure actuelle l'une des seules villes située au nord des Alpes qui possède le plus grand nombre de vestiges romains.

5 siècles plus tard, Aix-la-Chapelle, situé à la limite nord du massif de l'Eifel, fut de nouveau le centre d'un immense empire, celui de l'empire franc. Le tracé des frontières, que les romains avaient établi dans l'Eifel, est resté en majeure partie le même. En gros, la zone de l'Eifel, faisant partie à l'heure actuelle de la Rhénanie-Westphalie, correspond à la zone du massif de l'Eifel située dans la province de la Basse-Germanie.

L'abbaye bénédictine de Pruem construite en l'an 721 par les carolingiens, fut les prémices des imposantes abbayes de l'Eifel. De la petite cité à monastère de Pruem, qui se développa à partir de cette abbaye, il ne reste plus que quelques

die man wegen ihres rauhen Klimas „Schneifel" nennt. Von hier oben zieht die Kyll, der längste Fluss der Schnee-Eifel, zur Mosel hin. Himmerod, angeblich eine vom heiligen Bernhard von Clairvaux gegründete Zisterzienserabtei und die Benediktinerabtei Maria Laach am Laacher See waren zwei bedeutende Klöster in der Eifel. Sie sind heute noch immer wichtige geistlich-kulturelle Zentren. Auch Bad Münstereifel mit seinem geschlossenen mittelalterlichen Stadtmauerring ist aus einer Benediktinerabtei hervorgegangen. Wegen seiner gut erhaltenen Fachwerkhäuser wird das romantische Städtchen oft als „Rheinisches Rothenburg" bezeichnet.

Von besonderem Reiz ist der Naturpark Nordeifel mit den touristischen Zentren Monschau, Nideggen, Hellenthal, Heimbach, Kronenburg und Bad Münstereifel. Seine Besonderheiten sind die Moore des Hohen Venns, die sich hauptsächlich auf belgischer Seite ausdehnen, die markanten Buchen-Windschutzhecken in den Höhendörfern um Monschau, vor allem aber die vielen Talsperren, die hier in den letzten knapp hundert Jahren entstanden sind.

Der Besucher wird von den zahlreichen Sehenswürdigkeiten der Eifel angezogen. Es sind die erloschenen Vulkane und Vulkanseen ebenso wie die Burgen, Klöster und Stauseen. Im sogenannten „Eifeldolomit" um Gerolstein findet man viele Fossilien und Mineralbrunnen, deren Wasser heute weltweit getrunken wird. Bei den Jägern wird die Eifel als einzigartiges Jagdrevier geschätzt. Die Freunde des Autorennsports kommen wegen des berühmten Nürburgrings, eine der schönsten Rennstrecken der Welt, in die Eifel. In Bad Münstereifel-Effelsberg kann man das größte bewegliche Radioteleskop der Welt bewundern. Die hübschen kleinen Städte wie Daun, Bitburg oder Wittlich, Mayen oder Ahrweiler runden das Bild der Eifel ab. Besonders reizvoll sind auch die Weinberge, die am Südrand der Eifel zur Mosel hin abfallen und durch die man hoch über dem Ahrtal auf dem berühmten Rotweinwanderweg gehen kann.

have become again important spiritual cultural centres. Bad Münstereifel, too, sometimes called the Rhenish Rothenburg because of its well-preserved town walls and townscape, grew out of a Benedictine abbey.

The fact that parts of the Eifel are incorporated into not just one, but two cross-border international nature reserves, is an indication of the special character of the Eifel landscape. In the southern part of the Eifel the German-Luxembourg National Park extends from Pruem to Bitburg down to the Sauer valley, across to the Ferschweiler Plateau and the distinctive rock formations in so-called Swiss Luxembourg. The German-Belgian National Park in the north, with Monschau as its centre, is particularly attractive. Of special note are the Hohe Venn heathland, mainly on the Belgian side of the border, the distinctive tall beech hedges planted as wind-breaks in the upland villages around Monschau, and the many reservoirs built in the last hundred years or so. The Schwammenauel reservoir in the Rur valley with a capacity of 205 million cubic metres of water is the largest west German reservoir of all. The numerous reservoirs in the northern Eifel are a man-made counterpart of the volcanic maars in the central and southern parts of the Eifel.

Visitors are drawn to the Eifel as to a mosaic. The individual stones that make it up are the extinct volcanoes and volcanic lakes, the castles and monasteries, the reservoirs, the fossils to be found in the "Eifeldolomit" around Gerolstein, and the many mineral springs, whose waters are shipped all over the world. The Eifel is an unparallelled eldorado for hunters. The famous Nürburgring is one of the most beautiful motor-racing circuits in the world; the great radio telescope in Bad Münstereifel-Effelsberg is unique. The mosaic is completed by the pretty little towns such as Daun or Bitburg, Wittlich, Mayen or Ahrweiler. The vineyards are lining the slopes above the Moselle in the south and the famous Red Wine Trail high up above the Ahr valley. For many hikers the Eifel valleys contain some of the finest trails in Germany.

ruines et seule la petite ville de Pruem a survécu. La ville de Pruem est située au pied de la région du Schnee-Eifel ou du Schneifel, au pied du soidisant pays de marécages et de fôrets qui s'expliquent par la richesse en précipitations et le climat rude de cette région. Le Kylle, qui est le fleuve le plus long de la région de l'Eifel, suit son cours depuis cette altitude jusqu'en Moselle. L'abbaye d'Himmerod, qui fut vraisemblablement l'abbaye des Cisterciens construite par le Saint Bernard de Clairvaux et l'abbaye des bénédictins de Maria Laach, située près du lac de Laach, et qui comprend l'une des plus splendides églises à architecture romane de Rhénanie, constituaient les plus importantes abbayes de la région de l'Eifel. Et aujourd'hui, elles représentent encore ou de nouveau deux centres spirituels et culturels de grande importance. La ville de Bad Muenstereifel, que l'on compare souvent à la ville de Rothenbourg de par le très bon état de ses remparts et de son visage urbain, doit également son développement à une abbaye bénédictine.

Les excursionnistes sont attirés par les splendeurs du massif de l'Eifel comparables à un assemblage de magnifiques mosaïques. Ces splendeurs comprennent aussi bien les volcans éteints, les lacs de volcan que les châteaux forts, les abbayes, les barrages, les fossiles, que l'on peut découvrir dans le «Eifeldolomit» aux alentours de Gerolstein, ou encore les sources d'eau minérale dont les eaux sont vendues dans le monde entier. L'Eifel possède des réserves de chasse à caractère unique. Le célèbre circuit du Nürburgring est l'un des plus beaux circuits au monde et le plus grand radiotélescope d'Europe, situé à Bad Muenstereifel-Effelsberg, font également partie des mille et un trésors de l'Eifel. Les magnifiques petites villes telles celles de Daun ou de Bitburg, de Wittlich, de Mayen ou d'Ahrweiler font également partie des beautés de l'Eifel sur la célèbre route des vins rouges depuis la vallée de l'Ahr. Aujourd'hui, les nombreuses vallées que compte l'Eifel permettent au randonneur d'accéder aux plus magnifiques chemins de randonnée d'Allemagne.

Aachen ist die westlichste Stadt Deutschlands im Dreiländereck zu Belgien und den Niederlanden. Die Stadt mit Tradition und Fortschritt wurde durch bedeutende Kulturdenkmäler aus der Zeit Karls des Großen geprägt. Von 768-814 war Aachen der Lieblingsort Karls des Großen und somit Zentrum des Reiches. 600 Jahre lang wurden hier im Dom die deutschen Könige gekrönt. Schon die Römer schätzten vor zwei Jahrtausenden die heißen Thermalquellen und siedelten hier. Die Hochschul- und Kurstadt hat eine kulturelle Vielfalt zu bieten und lädt zum Bummeln und Flanieren ein.

Aachen, Germany's westernmost town, stands on the borders of Belgium and the Netherlands. Here technological advance and ancient traditions mix with many notable monuments dating from Charlemagne's time. From 768 to 814 Aachen was Charlemagne's favourite residence and the heart of his empire, and for 600 years German monarchs were crowned in the cathedral. Aachen's origins go back 2000 years, when Romans settled around its hot, healing springs. Visitors will enjoy the cultural diversity and leisurely inviting atmosphere of this famous spa and university town.

Aix-la-Chapelle est la ville la plus occidentale d'Allemagne, située aux frontières de la Belgique et des Pays-Bas. Ville mariant la tradition et le progrès, elle est surtout associée à l'époque de Charlemagne de laquelle elle a conservé d'importants monuments historiques. Résidence préférée de Charlemagne de 768 à 814, elle devint le centre de l'Empire. Durant 600 ans, les souverains allemands furent couronnés dans la cathédrale d'Aix-la-Chapelle. Il y a 2000 ans, les sources thermales étaient déjà appréciées des Romains qui fondèrent ici une colonie.

Die Stadt an den Grünen Hängen der aufsteigenden Eifel hat nichts mit einer verträumten Grenzstadt zu tun. Aachen ist der Ausgangspunkt und eines der Tore des Naturparks Hohes Venn und der Eifel, ein Treffpunkt der Reisenden und Studenten. Gemütlich ist es in den alten Kaffeestuben, dort kann man Aachener Printen kosten und die vielen anderen stadttypischen Spezialitäten. Auch für einen Kneipenbummel bietet Aachen genau die richtige Szene, denn nirgendwo in Deutschland liegen die Bierzapfsäulen so dicht beieinander wie hier.

Situated on the green foothills north of the Eifel Mountains, Aachen makes an ideal starting-point as one of the gateways to the Eifel and Hohe Venn National Park. Aachen is far from being a quiet border town, and is a popular venue for travellers and students. Visitors are especially attracted by the cosy old coffee houses where you can sample local specialities such as the gingerbread biscuits known as Printen. Aachen is also a paradise for bar hoppers, for nowhere in Germany is there a greater concentration of draught beer pumps than here.

La ville située sur des contreforts verdoyants de l'Eifel n'a rien d'une localité frontalière endormie. Ville industrielle, touristique et universitaire, Aix-la-Chapelle est entre autres une des portes du célèbre parc naturel de Hohe Venn. Elle est également connue pour ses nombreuses spécialités gastronomiques dont les biscuits en pain d'épices appelés « Printen » et pour ses tavernes pittoresques. Se promener dans Aix-la-Chapelle fera le bonheur des amateurs de bières : dans nulle autre ville d'Allemagne, on ne trouve autant de cafés conviviaux sur des périmètres aussi réduits.

Zusammen mit dem historischen Rathaus bildete der Dom die Kaiserpfalz Karl des Großen. Im Rathaus befinden sich noch heute im „Krönungssaal" die Kopien der Reichskleinodien. Das Oktogon der Pfalzkapelle (von 805) ist das Kernstück des Aachener Domes, sie war der größte Kuppelbau ihrer Zeit nördlich der Alpen. Hier bestiegen die deutschen Kaiser und Könige den Thron. Die Pracht und den Prunk dieser Herrscher kann man am besten in der bedeutenden Sammlung deutscher Kirchenschätze in der Schatzkammer bewundern.

Charlemagne's palace encompassed both the cathedral and the historic town hall. Today copies of the imperial insignia can be seen in the Coronation Chamber of the town hall. At the heart of Aachen Cathedral stands the octagon of the palace chapel (805), in its time the largest domed building north of the Alps. Kings and emperors were crowned here, and it is still possible to get an impression of the pomp and splendour surrounding these monarchs and rulers by visiting the notable collection of ecclesiastical treasures in the Cathedral Treasury.

L'hôtel de ville historique et la cathédrale constituaient le coeur de la résidence carolingienne. L'hôtel de ville abrite la salle du Couronnement ornée de fresques évoquant la vie de Charlemagne. Centre de la cathédrale, la rotonde octogonale était la chapelle du palais de Charlemagne (805), et en son temps, le plus grand édifice à coupole au nord des Alpes. Maints empereurs et rois d'Allemagne y furent couronnés. Le pouvoir et la magnificence de ces souverains se révèlent dans la salle du trésor de la cathédrale qui referme une collection impressionnante d'oeuvres d'orfèvrerie.

Die Eifel im Frühling MONSCHAU

Wenn im Frühjahr der Besenginster blüht und die Eifel im Ginstergold erstrahlt, geht die Reise in die Eifelberge. – Das Kleinstadtidyll Monschau zu Füßen des Schlossberges und der Ruine Haller hat bis heute sein jahrhundertealtes Stadtbild bewahrt. In langer Zeile reihen sich an Rur und Laufenbach die malerischen Fachwerkhäuser, die durch Brückenbögen und Stege miteinander verbunden sind, schiefergedeckte rustikale Bürgerbauten im verwinkelten Tal der Rur und Patrizier-Häuser aus der ruhmreichen Zeit der Monschauer Tuchmacher.

The Eifel at spring MONSCHAU

When in springtime the broom flowers are in broom and the Eifel in the broom gold lights up, then the journey goes into the Eifel mountains. – The idyllic little town of Monschau at the foot of the castle hill and the Haller ruins, has preserved its centuries-old townscape unchanged to the present day. The picturesque timbered houses line the Rur and Laufenbach, connected to each other by footbridges and arches. Robust slate-roofed burgher houses in the crooked Rur valley, dating back to the heyday of the Monschau weavers, offer a romantic world in the real sense of the word. Monschau, the Venice of the North.

L´Eifel à printtemps MONTJOIE

Dans le printemps le genêt à balais, arbuste des terres arides, l'Eifel surface de l'eau brûle dans son éclat comme un lac en Terre de Feu, alors venez dans les montagnes de l'Eifel!» – Montjoie, petite ville idyllique située au pied du château et de la ruine du «Haller», a su conserver jusqu'à aujourd'hui son image d'antan. D'impressionnantes maisons bourgeoises aux toits d'ardoises, de somptueuses maisons massées au fond de la gorge sinueuse de la Rur témoignent de la richesse passée des tisserands. Montjoie, où tout est serré l'un contre l'autre, est un véritable «Venise du Nord».

HOTEL
zum
STERN
Zum Hotel Stern

MONSCHAU Treppe im Roten Haus ▷

Flankiert von der evangelischen Kirche und eingerahmt von den alten Fachwerkhäusern, unmittelbar am Zusammenfluss von Rur und Laufenbach im Herzen Monschaus, steht das Rote Haus, eines der schönsten Patrizierhäuser des 18. Jahrhunderts im Rheinland. Freitragend durch alle drei Stockwerke verläuft die berühmte handgeschnitzte Treppe des Roten Hauses, wie ein Bilderbuch über die Monschauer Tuchherstellung. In den Seitenteilen der Treppe zeigen 21 holzgeschnitzte Darstellungen den Werdegang des Tuches. Auf der anderen Seite sind allegorische Darstellungen der Jahres- und Tageszeiten zu sehen.

MONSCHAU The Red House ▷

Monschau's Red House is one of the finest 18th-century patricians' houses in the Rhineland. It stands beside the river in the town centre between the Protestant church and a row of old timbered houses. The Red House is divided into two halves, each with its own entrance. In the hallway of it there can bee seen a magnificent free-standing staircase rising through three floors of the living quaters. The stairway of the Red House is flanked by 21 richly-carved wooden panels illustrating the stages of cloth-making.

MONTJOIE La Maison Rouge ▷

Tout près du confluent de la Rur et du Laufenbach, la Maison Rouge, une des plus belles maisons patriciennes du 18e siècle de la région du Rhin, se dresse au cœur de Montjoie, flanquée de l'église protestante et entourée d'anciennes maisons à pans de bois. L'édifice est en fait composé de deux demeures sous un même toit: la Maison du Casque d'or et la Maison du Pélican. Le célèbre escalier extérieur à trois paliers de la Maison Rouge se trouve dans la Maison du Casque d'Or. C'est grâce à cette construction magnifique que la Maison Rouge se distingue de tous les autres édifices de même style.

Im Winter ist die Burg Monschau eindrucksvolle Kulisse für den romantischen Weihnachtsmarkt. Im Sommer wird sie zum quirligen Festspielort als kulturelles Highlight. Mehr als 15.000 Besucher verwandeln den Ort in ein Verona des Westens. Meisterwerke der Klassik von „Carmen" bis „Tosca", der Komponisten Verdi, Mozart bis Puccini werden auf höchstem Niveau anspruchsvoller Orchester und Solisten dargeboten. Das Rahmenprogramm bietet eine Palette von Oper, Operette, Ballett, bis hin zur Kinderoper, die auch den Kleinsten die klassische Kunst kindgerecht nahe bringen soll.

In winter, Burg Monschau is an impressive setting for the romantic Christmas fair. In summer, it becomes a lively festival site. More than 15,000 visitors turn the town into a Verona of the Eifel. Classical masterpieces from "Carmen" to "Tosca" by composers from Verdi to Mozart to Puccini are presented by sophisticated orchestras and soloists of the highest quality. The supporting programme offers a selection of opera, operetta and ballet, right through to children's opera, which is intended to bring classic art to our little ones in a child-friendly manner.

En hiver, le château fort de Monschau est un décor impressionnant pour le romantique marché de Noël. En été, il devient un lieu de festivals en effervescence. Plus de 15 000 visiteurs transforment cet endroit en une véritable Vérone du Nord. Des chefs-d'?uvre du classicisme, de « Carmen » à « Tosca » des artistes Verdi et Mozart à Puccini, sont représentées au plus haut niveau par des orchestres et des solistes ambitieux. Le programme-cadre propose une palette d'opéras, d'opérettes, de ballets et même d'opéras pour enfants une approche adaptée de l'art classique.

Im Rahmen der vielen Veranstaltungen im Jahr ist der Monschauer Weihnachtsmarkt ein ganz besonderes Highlight. Eine zauberhaft romantische Stimmung vermittelt der historische Ort besonders im Winter. Wer bis dahin vorweihnachtlich noch nicht eingestimmt war, dem ist dies hier garantiert. Ganzjährig bietet sogar ein Weihnachtshaus die Gelegenheit, sich das ganze Jahr über vom Glitzer und Glamour des Baumbehangs zum Träumen und Einkaufen verleiten zu lassen. Einladend sind auch die gemütlichen Lokale in den alten Fachwerkhäusern.

In the long list of Monschau's calendar of events, the Christmas Market holds a special appeal as a major highlight of the year. Particularly in winter, this well-preserved little town radiates a magical, romantic atmosphere guaranteed to arouse festive expectations even in those who are unenthusiastic about Christmas. The Christmas House offers visitors the chance to succumb to the temptations of the glitter and glamour of Christmas tree decorations the whole year round. Equally inviting are the cosy bars and restaurants located in the old half-timbered houses.

Le marché de Noël est une des manifestations les plus connues et les plus importantes de Monschau, appelée Montjoie au-delà de la frontière belge. Cette superbe petite ville historique offre une atmosphère délicieusement romantique, notamment durant les mois d'hiver. Mais si l'on a pas la chance de la visiter en décembre, une « maison de Noël » est ouverte toute l'année, et donne la possibilité de rêver de boules, guirlandes et autres décorations scintillantes du sapin de Noël. Par ailleurs, nombre d'anciennes maisons à colombages abritent des cafés et restaurants conviviaux.

△ Moorlandschaft Hohes Venn

△ Siebenstern

△ Wildnarzissen

△ Moorpolster im Venn

▽ Wollgras

▽ Sonnentau

HOHES VENN Hilltal/Hohes Venn

Zwischen der Nordeifel und den belgischen Ardennen breitet sich das Hohe Venn aus, eine Hochmoorlandschaft, die zu jeder Jahreszeit ihr Aussehen ändert. Das Hohe Venn, eine vorzeitliche Gletscherkuppe, ist geologisch gesehen ein riesiger Schwamm, der Wasser aufsaugt und zurückhält und es dann in einem natürlichen Rhythmus entlässt. Der Untergrund ist Torf, der aus den versunkenen großen Wäldern entstanden ist. Eine besondere Landschaft mit eigenwilliger Vegetation. Es ist weiches Wasser, welches vom Hohen Venn mit der Rur durch Monschau fließt und Voraussetzung für die erfolgreiche Tuchmacherei vor 200 Jahren war.

HOHES VENN Hilltal Hill Valley

The Hohes Venn, a heathland stretching from the northern part of the Eifel to the Ardennes in Belgium, changes its features season by season. Originally the top of a primeval glacier, the Hohes Venn is like a huge sponge: Not far from the Atlantic Ocean soaking up all the water it receives, storing it and then passing it on in a natural rhythm. The substratum is peat from the great forests, now submerged, that once covered the area. It is soft water, which flows from the Hohes Venn with the Rur by Monschau and was a condition for the successful dress material production 200 years ago.

HOHES VENN Vallée de l'Hill

Les Hautes Fagnes s'étendent entre le Nord-Eifel et les Ardennes belges et nous font découvrir un paysage marécageux qui, à chaque saison, prend un nouveau visage. Les Hautes Fagnes, un dôme glacier préhistorique constituent, au point de vue géologique, une immense éponge, qui proche de la mer Atlantique, absorbe l'eau, la retient puis la laisse couler de façon naturelle. Le sous-sol est formé de croûtes qui se sont constituées après que d'immenses fôrets se soient englouties.

In den Höhendörfern rund um Monschau stehen die alten Bauernhäuser hinter hohen Windschutzhecken aus Rotbuchen. Schwarz-weißes Fachwerk und ein tief heruntergezogenes Strohdach, das war der Baustil der Vennhäuser in den Dörfern des Monschauer Landes. – Nach der fast 60-jährigen Nutzung als Truppenübungsplatz durch belgisches Militär wurde das Gebiet Vogelsang im Januar 2006 wieder der Öffentlichkeit zurückgegeben. Die Anlage mit dem eheml. Propagandabau der „NS-Ordensburg" kann aus Sicherheitsgründen nur im Rahmen einer Führung besichtigt werden.

In the high-lying villages around Monschau, many old farmhouses are protected by thick beech hedges of extraordinary height, some dating back two centuries or more. These remarkable hedges provide welcome wind-cover. – After having been used by the Belgian army as an exercise ground for almost sixty years, Burg Vogelsang became public property in January 2006. For safety reasons, the buildings of this extensive, imposing complex, once a training centre for a future Nazi elite, can only be visited on guided tours.

Dans les villages sur les hauteurs de Montjoie, les anciennes fermes se cachent derrière des haies élevées de hêtres rouges qui les protègent du vent. Des façades à colombages noires et blanches et un toit de chaume descendant bas définissaient l'architecture des maisons du Pays de Montjoie. – Après avoir été zone militaire interdite, utilisée par les troupes de l'armée belge pendant près de 60 ans, le vaste territoire de Vogelsang a été rouvert au public en janvier 2006. Pour des raisons de sécurité, l'ancien complexe nazi « NS-Ordensburg » n'accueille que des visites guidées.

Ende des 19. Jahrhunderts hatte auch, in der damals noch im Fortschritt vernachlässigten Eifel, die Eisenbahn Einzug gehalten. Das war das Ende der meisten Postkutschen-Linien, doch hier bei Simmerath hat man sich ein Stück Nostalgie bewahrt. Die alte Postkutschen-Linie „Diligence“ betreibt ihren Fahrbetrieb bis heute. In den Sommermonaten kann jeder an den Wochenenden eine Kutschfahrt durch das malerische Tal zwischen Einruhr und Erkensruhr, Jägersweiler und Dedenborn unternehmen.

By the end of the 19th century, railways had reached the Eifel, though by then the Industrial Revolution had left the region something of a backwater. The introduction of the railway signalled the demise of mail transport by stagecoach, but in Simmerath the old horse-drawn "Diligence" is still running, as a nostalgic reminder of those bygone days. During the summer months you can enjoy a ride on the stagecoach along the picturesque valley route through the villages of Einruhr, Erkensruhr, Jägersweiler and Dedenborn.

À la fin du XIXe siècle, le chemin de fer arriva également dans la région de l'Eifel, qui était restée assez en retard sur le progrès. Cette époque signifia la fin de presque toutes les lignes de diligences. Cependant, un morceau de nostalgie a été conservé près de Simmerath où l'ancienne ligne « Diligence » est encore en service jusqu'à aujourd'hui. Durant les week-ends des mois d'été, on peut prendre le coche pour parcourir la jolie campagne entre les localités de Einruhr, Erkensruhr, Jaegerweiler et Dedenborn.

Auf der Basis der Mönchsregeln des heiligen Benedikt aus dem 6. Jahrhundert wurde um 814 das Kloster Kornelimünster von Benedikt von Aniane gegründet. Papst Kornelius († 253) war der Namensgeber des Klosters. Mit der Auflösung der Klöster im Rheinland 1802 durch Napoleon und der Übertragung des Klosters an die Pfarrgemeinde, war die ursprüngliche Bestimmung des Klosters beendet. Doch die Benediktiner kamen 1906 zurück und zogen in neue Räume. Somit konnte die Reichsabtei trotz der Neugründung wieder belebt werden.

The monastery of Kornelimünster was founded by Benedict von Aniane in 814 and named after Pope Cornelius († 253). This was a Benedictine monastery in which monks lived according to the Rule of St Benedict, who had established the order in the sixth century. With the dissolution of the monasteries in the Rhineland by Napoleonic troops in 1802 the imperial abbey passed to the parish and is still under public ownership. In 1906, Benedictine monks returned to Kornelimuenster after a new abbey was built nearby.

Vers 814, Benedict von Aniane fondait l'abbaye bénédictine Cornelius selon la règle de l'ordre de Saint-Benoît qui vécut au VIe siècle. Le monastère est nommé d'après le pape Corneille (Cornelius) mort en 253. Le monastère fut sécularisé en 1802 durant l'occupation napoléonienne et devint propriété de la commune. Les Bénédictins revinrent pour s'installer dans de nouveaux bâtiments en 1906. L'abbaye a ainsi retrouvé sa vocation première.

Nordeifel – von Nideggen zum Rursee

Nideggen ist Ausflugs- und Erholungsort im südlichen Zipfel des Dürener Landes, genau da, wo sich die Eifel in die Kölner Bucht hinein absenkt. Von der Macht der Grafen und Herzöge von Jülich zeugen noch die umfangreichen Reste ihrer Stammburg auf hohen Buntsandsteinfelsen, die das Tal der Rur überragen. – Auf den Wallfahrtsort zu Ehren der Mutter Gottes (seit 1470) geht die Gründung des Zisterzienserklosters Mariawald (1480) zurück. 300 Jahre wurden hier die Pilger aus aller Welt betreut, heute befindet sich hier ein Trappistenkonvent.

Nideggen is a popular tourist destination in the southern tip of the Düren area, where the Eifel dips down into the Cologne basin. The extensive remains of their ancestral castle rising up above the Rur valley on a sandstone rock, give an idea of the power of the former Counts and Dukes of Jülich in times gone by. – 1480, at the site of a wayside shrine with a supposedly miracle-working Madonna figure, Mariawald monastery was founded, today the home of Trappists, the order of monks who take a vow of silence.

Nideggen est un lieu d'excursion et de repos situé dans la pointe sud de la région de Dueren, à l'endroit même où l'Eifel s'incline dans la baie de Cologne. Les ruines volumineuses témoignent jusqu'à présent du pouvoir des comtes et ducs de Juelich qui résidaient dans le château de leurs ancêtres, situé sur la vallée de la Rur. – Il y a 1480, le cloître de Mariawald, qui était à l'origine un lieu de culte populaire, fut construit suite à l'image de la Sainte-Vierge à laquelle on attribua des miracles. C'est dans cette abbaye que vivent aujourd'hui les moines silencieux, les Trappistes.

Als die kleinste Stadt Nordrhein-Westfalens liegt das idyllische Städtchen direkt an den üppigen Wäldern des Rurtales. Malerisch thront die Burg über der Rur auf einem schmalen Felsgrad und blickt auf eine fast 1000-jährige Vergangenheit zurück. In der St.-Clemens-Kirche finden noch heute die Pilger einen Ort der Stille, aber auch die Kunstliebhaber können sich an der barocken Schönheit und den sakralen Kunstschätzen satt sehen. Zur Wasserregulierung der Rur wurde bereits 1932 das Heimbacher Staubecken Rurtalsperre Schwammenauel errichtet.

Heimbach, the smallest town in the state of North-Rhine Westphalia, enjoys an idyllic location on the edge of the thick forests of the Rur valley. The castle, whose history stretches back almost a thousand years, rises picturesquely above the rooftops on a narrow ridge of rock. Even today, pilgrims find an oasis of peace in St Clement's church, and art lovers, too, can feast their eyes on its Baroque beauty and ecclesiastical treasures. Heimbach's elegant Art Nouveau waterworks (1904) host an annual Chamber Music Festival that has gained international renown.

La plus petite localité de la Rhénanie du Nord-Westphalie se niche à la lisière des forêts luxuriantes de la vallée de la Rur. Depuis près de 1000 ans, le château de Hengebach trône sur un étroit éperon rocheux au dessus de la rivière Rur. L'église St.-Clemens offre un lieu de paix et de silence aux pélerins, mais ravira également les amateurs d'art venus admirer sa beauté baroque et ses splendides oeuvres d'art sacrées. En 1932, on construisit le barrage de retenue de Heimbach pour alimenter les centrales électriques de Heimbach et Ruhr-Schwammenauel.

Wildwasserrennen in der Rur

Die Rur entspringt auf ca. 650 Metern im Hochmoor des Hohen Venn. Für Kanuten ist besonders die Wildwasserstrecke der Hohen Rur bis kurz vor Monschau ein ganz besonderer Leckerbissen. Nur an den wenigen Tagen der Schneeschmelze oder nach starkem Regen ist diese Strecke zu befahren. Hier ziehen eine schnelle Strömung, interessante Kehrwässer und ein landschaftlicher Genuss mit dem Rurwasser die starken Gefälle bergab. Aber auch die Strecken durch und unterhalb Monschaus bieten ein reizvolles Wildwasserareal.

Wild water canoeing on the Rur

The River Rur rises at a height of about 650 metres in the high, bleak marshlands of the North Ardennes forest known as the Hohes Venn. The rapids of the scenic upper reaches of the river above Monschau, although only navigable for a short period after the snow melts or after heavy rain, hold a special attraction for expert wild water canoeists. The current is fast and very strong here, with challenging eddies and some steep gradients. Possibilities for wild water canoeing are equally attractive downstream, in Monschau and beyond.

Rafting sur la Rur

La Rur prend sa source à environ 650 mètres dans la lande du Hohes Venn. Les eaux tumultueuses de la partie de la rivière dite Hohe Rur qui s'arrête peu avant Montjoie, sont très appréciées des amateurs de rafting et de canoë. Ce trajet n'est navigable que durant les quelques jours de fonte des neiges ou après de fortes pluies. La nature superbe s'ajoute aux courants forts, aux dénivelés plus ou moins abrupts de ce tronçon de la Rur pour offrir une aventure nautique unique. Toutefois, on trouve également d'autres trajets aux flots bouillonnants sur le cours de la Rur en aval de Montjoie.

Schwammenauel-Talsperre
Rursee bei Heimbach 30/31 ▷▷

◁ **RURSEE bei Schmidt**

Den mächtigen Gebirgsriegel zwischen Urft und Rur beherrscht der sagenumwobene Kermeter-Hochwald. Ehemals das herrliche Jagdrevier der Karolinger, der Erzbischöfe von Köln und der Herzöge von Jülich, zählt er heute zum größten und prächtigsten Waldgebiet der Eifel. Darunter befindet sich der Rur-Stausee. – Seit das Rurtal zum See wurde, reicht das Uferdorf Woffelsbach auf einer Landzunge weit in die viel gewundene Talsperre hinein und bietet sich heute als einer der schönsten und beliebtesten Rurseejachthäfen an.

◁ **THE RUR LAKE near Schmidt**

Kermeter forest (carmetum = hornbeam wood), a place steeped in legend, dominates the mighty heights between the River Urft and the River Rur. Once the hunting grounds of the Carolingians, the archbishops of Cologne and the dukes of Juelich, it is now one of the largest and finest areas of forest in the Eifel. – Now that the Rur valley is dammed, the shoreline village of Woffelsbach occupies a long tongue of land stretching out far into the circuitous reservoir, and is the site of one of the most beautiful and popular marinas.

◁ **Barrage-réservoir de la Rur**

La légendaire fôret de Kermeter (carmetum = fôrets de bosquets) domine l'imposante barre de montagnes située entre l'Urft et la Rur. Jadis, elle fut la réserve de chasse des Caroligiens, des archevêques de Cologne et des ducs de Juelich et, aujourd'hui, elle compte parmi l'une des plus grandes et magnifiques régions fôrestières de l'Eifel. – Depuis que la vallée de la Rur est devenue un lac, le village riverain Woffelsbach s'étend longuement sur une pointe de terre jusqu'au barrage fortement tortueux et constitue aujourd'hui l'un des plus magnifiques et plus populaires ports de plaisance du lac de la Rur.

RURSEE / RUR LAKE / Lac de la RUR ▷

◁ Rurtalsee Urfttalsperre ▷

Wie eine Schlange windet sich das Talsperrensystem durch das ehemalige Tal der Rur. Mit der Urfttalsperre (erbaut 1900 bis 1904) begann die Talsperrengeschichte der Nordeifel. Viele Jahrzehnte war sie mit ihren 45 Millionen Kubikmetern Fassungsvermögen die größte Talsperre Europas und zu ihrer Zeit auch ein technisches Wunderwerk. Noch immer erfüllt sie ihren Zweck als Regulierungsbecken und Antriebskraft für ein Elektrizitätswerk. Ein besonderes Naturschauspiel nach Zeiten hoher Wasserfluten ist der Überlauf des Sees mit über 50 Meter tiefen Kaskaden.

◁ Rur Lake Urft reservoir ▷

Like a queue the dam system winds itself by the former valley of the Rur. The Urft Reservoir, constructed between 1900 and 1904, marks the beginning of reservoir development in the northern Eifel. For many decades it was the largest reservoir in Europe with a capacity of 45 million cubic metres, and for its time a technical masterpiece. It still functions perfectly as a regulating basin and source of power for a power station. After periods of heavy rainfall the water overflows, cascading down more than 50 metres, a dramatic spectacle.

◁ Barrage de la Rur Barrage de l´Urft ▷

L'histoire des barrages du Nord-Eifel commença avec la construction du barrage de l'Urft qui eut lieu entre 1900 et 1904. Avec un volume de 45 millions de mètres cube, il fut pendant des décennies l'un des plus grands barrages européens et fut considéré, à l'époque, comme une merveille technique. Il remplit encore son objectif à l'heure actuelle, tels que le témoignent le bassin de régulation et la force motrice d'une centrale électrique. Après d'importantes périodes d'inondation, la nature nous invite à assister à un magnifique spectacle que nous offre le lac débordant, avec ses profondes cascades de plus de 50 mètres.

Hellenthal, die Wiege der einst in der europäischen Welt berühmten Eifeler Eisenindustrie, ist heute vorrangig ein bekannter Luftkurort, besonders seit dem Bau der Oleftalsperre. Wintersportler schätzen die herrlichen Hellenthaler, Hollerather und Udenbrether Schneegefilde. — Die Wildgehege der Eifel beherbergen in ihren großen Anlagen das vorwiegend aus Deutschland und besonders der Region der Eifel stammende Hochwild, wie auch hier in Hellenthal. Eine Besonderheit sind auch die Greifvogelwarten in Hellenthal und Kasselburg .

Hellenthal, the cradle of the Eifel iron industry, once renowned across Europe, is still an industrial centre today and a health resort as well. Winter skiers make the most of the snowy slopes round Hellenthal, Hollerath and Udenbreth. — In the extensive wild-life parks in Kommern, Hellenthal, Daun, Kasselburg near Gerolstein and Gondorf near Bitburg domestic German and Eifel game can be viewed from close quarters. Hellenthal and Kasselburg also have birds of prey.

Hellenthal, qui fut jadis le berceau de l'industrie sidérurgique de L'Eifel, célèbre dans toute l'Europe, constitue aujourd'hui encore une zone industrielle à laquelle vient s'ajouter une station climatique célèbre. La vallée supérieure de Schleiden est devenue un pôle d'attraction seulement depuis la construction à proximité du barrage de l'Olef et de l'aménagement d'une réserve de gibier. Mais les amateurs de sports d'hiver provenant de la région d'Aix-la-Chapelle et de celle de Bonn et de Cologne connaissent les fastueuses régions enneigées d'Hellenthal, d'Hollerath et de Udenbreth.

Es lebte sich geborgen unter der Burgenherrlichkeit! In Reifferscheid ducken sich die Häuser des Oberdorfes noch immer unter dem wuchtigen Bergfried und der Wehrmauer. Da stehen die schmucken Fachwerkhäuser wie an den Fels geklebt. Auch die Pfarrkirche ist in den Befestigungsring hinter den Toren und Mauern mit einem Wehrturm einbezogen. Als klassische Burgsiedlung hat sie besonders den Maler Fritz von Wille und andere Künstler zu Darstellungen in Gemälden, Lithographien und Kupferstichen immer wieder inspiriert.

In the shadow of a castle there was nothing to worry about! In Reifferscheid the houses of the upper village still jostle round the mighty keep and walls. The pretty little timbered houses look as if they're glued to the rocks. The parish church was incorporated in the fortifications with a peel behind the gates and walls. Reifferscheid is a classic castle settlement and as such inspired the painter Fritz von Wille in particular, but also other artists, to reproduce it in paintings, lithographs and copperplate engravings.

On vivait à l'abri près de ce somptueux château! Aujourd'hui, les maisons du village de Reifferscheid continuent de s'incliner sous le volumineux donjon et le rempart. C'est là que se tiennent les maisons à colombages somptueusement ornées et qui donnent l'impression d'être collées au rocher. Même l'église paroissiale encastrée dans les fortifications derrière les portails et les murailles, fut construite avec une tour de protection. Cette cité châtelaine de style classique a particulièrement inspiré les représentations du peintre Fritz von Wille.

Steinfeld, die Eifel-Abtei der Prämonstratenser und seit 1923 der Salvatorianer-Patres, ist ein kunst- und kulturgeschichtliches Denkmal. Die heute moderne Erziehungs- und Bildungsanstalt der Mönche genießt hohes Ansehen. Viele Kunstschätze geben immer noch Kunde von der Bedeutung dieser eindrucksvollen Klosterstätte auf rauer Eifelhöhe und der Kultur ihrer Zeit. Die Basilika von Steinfeld ist eine der schönsten, ältesten und geheimnisvollsten Weihestätten der Eifel.

Steinfeld, the Eifel home of the Premonstratensian order and since 1923 of Salvatorian monks, is an important centre for art and the history of civilization. The modern educational institution run by the monks enjoys respect and a considerable reputation. Many artistic treasures bear witness to the cultural importance of this monastery in the harsh uplands of the Eifel. The basilica is one of the finest, oldest and most mysterious places of worship in the Eifel.

Steinfeld, l'abbaye de l'Eifel de l'ordre des Prémontrés et depuis 1923 celle du Salvatorianer-Patres, est un monument classé et d'histoire de la civilisation. De nombreux richesses artistiques nous révèlent encore la signification culturelle de ce monastère situé sur le rude plateau de l'Eifel. La basilique de Steinfeld représente l'un des plus beaux, anciens et secrets sanctuaires de l'Eifel.

Kloster Steinfeld, Basilika

Als Wallfahrtsort zum Grabe des heiligen Mönchs Hermann-Joseph, aber auch als alljährlich würdiger Schauplatz großer und bedeutender Musikfeste wird Kloster Steinfeld viel besucht. Einen Beitrag zur Weiterführung des kulturellen Auftrages bilden die musikalischen Darbietungen in Liturgie und Konzerte in der romanischen Basilika. Auch Musik- und Meisterkurse werden alljährlich hier durchgeführt. Im Mittelpunkt des musikalischen Geschehens steht zweifellos die mittlerweile weltberühmte „König-Orgel", die sowohl Interpreten wie auch Zuhörer gleichermaßen in ihren Bann zieht.

Steinfeld Monastery, Basilika

It is a place of pilgrimage, being the site of the grave of the holy monk Hermann-Joseph, but also a very appropriate setting for an important and highly-valued annual music festival. The musical presentations in Liturgie and concert form a contribution for the continuation of the cultural order in the romanic Basilika. Also music and master courses are accomplished annually here. In the center of the musical happening the meanwhile world-famous "king organ" is certainly located, which draws both interpreters and listeners equally into its spell.

Monastère de Steinfeld, Basilique

But de pèlerinage sur le tombeau du moine saint Hermann-Joseph, mais aussi scène de manifestations musicales annuelles d'importance, le monastère de Steinfeld accueille de nombreux visiteurs. Des concerts de chants liturgiques et de musique sacrée ont régulièrement lieu dans la basilique romane. Des stages de musique et de directeurs de chorale y sont également organisés chaque année. Mais le summum de la vie musicale du monastère est le « König-Orgel » (orgue royal) un événement connu dans le monde entier, qui attire autant des interprètes réputés qu'un nombreux public.

Im waldreichen oberen Tal der Olef überragen Schloss und spätgotische Schlosskirche das schöne Panorama der Stadt Schleiden. Neben dem mittelalterlichen Baukern hat sich hier eine moderne Schul- und Gewerbestadt entwickelt. „Sleida" oder „Sleidene" heißt der Ort in den ältesten Urkunden; das fränkische Wort „Schlada" (englisch: slade) bezeichnet ein schluchtenreiches Tal. Sleidanus nannte sich auch der berühmte Geschichtsschreiber, weil er hier geboren war. Der andere große Sohn der Stadt war der Humanist Johannes Sturm.

Schleiden is situated half way along the Olef valley and has a castle and a late-Gothic castle church. Round the medieval centre, a thriving modern town with schools and commerce has developed. "Sleida" or "Sleidene" is the historical name found in early records: The Franconian word "Schlada" (English "slade") is the name for a deep valley with gorges. The famous historian Sleidanus called himself by this name because he was born here. The other great son of the town, the humanist Johannes Sturm, was the founder of Strasbourg University.

A Schleiden, on trouve un château et une église de style gothique tardif. Outre des constructions à dominante médiévale, Schleiden est devenue ville d'Arts et Métiers comptant de nombreux établissements scolaires. Dans le passé, cette ville s'appellait «Sleida» où «Sleidene» comme le témoignent d'anciens documents. Le mot franc «Schlada» (en anglais: slade) désigne une vallée riche en gorges. Un célèbre historien s'appela également Sleidanus parce qu'il était né à cet endroit. L'un des grands autres fils de la ville, l'humaniste Johannes Sturm, fonda l'université de Strasbourg.

Tore und Stadtmauer umgeben den Kern der alten Landstadt Zülpich noch wie in mittelalterlicher Zeit. Einst war es ein bedeutsames Kastell der Römer auf der großen Straße Trier-Köln-Xanten. Heute ist sie immer noch wichtiger Knotenpunkt im Straßenkreuz zwischen Maas und Rhein, zwischen Norden und Süden. Jedes Schulkind hört von der Schlacht bei Zülpich, die im Jahre 496 zwischen dem Frankenkönig Chlodwig I. und den Alemannen geführt wurde, aus deren Folge das christliche Abendland entstand.

Gated town walls encompass the centre of the country town of Zülpich as in medieval times. Once an important Roman fort on the Trier-Cologne-Xanten axis, it is still an important centre for road traffic between the Maas and the Rhine, north and south. The Battle of Zülpich in the year 496 between the Frankish King Chlodwig I. and the Alemmanians is part of what every German schoolchild covers in history lessons. The battle marked the beginnings of Christianity in the west.

Le cœur de la vieille petite ville rurale de Zuelpich est entouré de portes et de remparts tout comme au Moyen Age. Jadis, elle fut une importante fortification romaine située le long de la route menant à Trèves, Cologne et Xanten, et aujourd'hui, elle constitue toujours un nœud routier important dans le carrefour entre la Meuse et le Rhin et entre le carrefour nord et sud. Chaque écolier a déjà entendu parler de la bataille de Zuelpich qui eut lieu en l'an 496 et qui confronta le roi des Francs Clovis I. aux alamans et qui entraîna la christianisation de l'occident.

Rund 60 Baudenkmäler aus der Eifel, dem Westerwald, dem Bergischen Land und vom Niederrhein sind im Rheinischen Freilichtmuseum in Kommern in ihrem ursprünglichen Zustand wieder aufgebaut worden. In Baugruppen kann man auf 75 ha Wohnhäuser, Werkstätten, Windmühlen und ein altes Schulhaus besichtigen. Auch historische Waldwirtschaftsformen wie die Köhlerei werden anschaulich demonstriert. Seit 2006 bietet die Dauerausstellung „Wir Rheinländer" den Einblick in das Leben der Menschen einer rheinischen Kleinstadt vom 18. bis 20 Jahrhundert.

Round about 60 historical houses from Eifel, Westerwald, Bergisches Land and Lower Rhine have been transported to the Folk Museum in Kommern and were re-erected in their original form. Living quarters, workshops and windmills are grouped together on 75-hectare site in small villages. Visitors are also given explanatory demonstrations of historic forestry crafts such as charcoal burning. Since 2006 a permanent exhibition entitled "We Rhinelanders" has given an insight into daily life in a small Rhenish town about the 18th to the 20th.

Le musée de plein air rhénan de Kommern nous invite à découvrir plus de 60 maisons paysannes historiques des régions de l'Eifel, du Westerwald, du Bergisches Land et du Bas-Rhin toutes reconstruites dans leur état original. On peut y visiter des blocs d'habitation ayant une superficie totale de 75 hectares et regroupant des maisons d'habitation. On peut également y voir la fabrication du charbon de bois telle qu'elle était autrefois pratiquée. Depuis 2006, l'exposition permanente « Wir Rheinlaender » fait découvrir la vie de jadis des habitants d'un village rhénan dans le 18e - 20 e siècle.

△ Historisches Dorf

▽ Alt-Köln mit Stadtsoldaten

△ Soldaten ziehen in den 1. Weltkrieg

▽ französische Soldaten umstellen deutsche MG-Stellung

△ Schule zu Kaiserzeiten

△ Gespielte Geschichte – Bäuerin im 18. Jahrhundert

▽ Jahrmarkt Anno 1840 mit preußischen Gendarmen

▽ Mühle aus Cantrup

Burgenromantik vor den Toren Euskirchens findet man noch in der zweiteiligen Burganlage Satzvey, dem Wohnsitz des Grafen Beissel von Gymnich, am Veybach mit einem ausgedehnten Park. Das Wassergrabensystem rings um die Burganlage ist weitgehend erhalten geblieben. Hier wird zu allen Jahreszeiten bei verschiedenen Veranstaltungen das Mittelalter wieder lebendig. Man erlebt Ritterturniere, Gaukler, Musikanten und mittelalterliche Handwerkermärkte.

Just outside Euskirchen is the romantic castle of Satzvey, with its two main buildings surrounded by an extensive park. The old moat system round the castle has been largely preserved. An experience not to be missed for those interested in medieval history is the annual tournament season at Satzvey Castle, with historically accurate enactments of medieval jousting.

Les passionnés de châteaux romantiques les trouveront directement aux portes d'Euskirchen où ils découvriront le château fort de Satzvey, comprenant deux sections et qui est situé dans un parc d'une grande étendue. Le système du fossé d'irrigation, situé autour du domaine châtelain, a, à quelques détails près, conservé son état d'origine. Les tournois et les luttes médiévaux ayant lieu chaque année au château de Satzvey. La reproduction historique est très fidèle, captivent depuis longtemps les passionnés de Moyen Age.

„Düvelsoder", Teufelsader, nannten die Einheimischen die ihnen unerklärliche römische Wasserleitung, die die Stadt Colonia Agrippinensis (Köln) mit gutem Eifeler Trinkwasser jahrhundertlang versorgte. 77,6 Kilometer betrug die Länge dieses Wunderwerkes, das als das größte antike Bauwerk nördlich der Alpen gilt. Zu den alten Handwerkskünsten gehört auch das Schmieden. gepflegtes Handwerk ist immer noch gefragt, denn für den Erhalt unserer Baudenkmäler sind Restauratoren aller Handwerkszweige, welche noch die alten Techniken beherrschen, begehrt.

"Devil's vein" is what the locals called the incomprehensible Roman aquaduct that for centuries provided the city of Colonia Agrippinensis (Cologne) with good-quality drinking water from the Eifel. This technical masterpiece was 77.6 kilometres long and is reckoned to be the largest construction of the ancient world north of the Alps. Forging iron is one of mankind's oldest skills. Fine craftsmanship is still in demand today, for those who can master ancient handicrafts of all kinds are always required to maintain our architectural heritage.

«Duevelsoder», la veine du diable, c'est le nom que donnaient les habitants au mystérieux conduit d'eau romain qui approvisionnait pendant des siècles la ville de Colonia Agrippinensis (Cologne) en délicieuse eau potable de l'Eifel. Ce prodige avait une longueur de 77,6 km l'aqueduc est la plus grande construction antique d'Allemagne. La ferronnerie fait partie des anciens métiers d'artisanat d'art qui sont toujours vivants à notre époque actuelle. En effet, des artisans capables de maîtriser les anciennes techniques sont très demandés.

△ Teil der Römischen Wasserleitung bei Urft

▽ Alte Schmiede von Stefan Pütz in Sistig

BAD MÜNSTEREIFEL, Windeckhaus

Von den vielen Fachwerkhäusern der Stadt ist das Windeckhaus eines der eindrucksvollsten. Es ist das größte einer Gruppe alter Fachwerkhäuser in der Orchheimer Straße, errichtet in den Jahren 1644 bis 1664. Reiches Schnitzwerk und zwei Hängestubenerker machen es zu einem der schönsten Fachwerkhäuser des Rheinlandes. Im nachgewiesen ältesten Naturstein-Wohnhaus Westdeutschlands aus dem Jahre 1167 ist heute das „Hürten-Heimatmuseum" untergebracht.

BAD MÜNSTEREIFEL, Windeckhaus

One of the finest timbered houses in the town is the Windeckhaus. The largest of a group of old half timbered houses was established in the Orchheimer road in the years 1644 to 1664. Rich carving work and two hanging room oriels make it one of the most beautiful half timbered houses of the Rhine country. In the oldest proven natural stone house in the German west, from the year 1167, today the „Hürten local history museum" is accommodated.

BAD MUENSTEREIFEL, Maison Windeck

La maison Windeck est une des plus belles demeures à colombages de la ville. Dominant un groupe d'autres maisons à pans de bois dans la rue dite Orchheimer Straße, elle fut érigée entre 1644 et 1664. De riches décorations en bois sculpté et deux encorbellements d'angle en font un des bâtiments les plus impressionnants de ce style dans la région rhénane. Le musée régional « Hürten-Heimatmuseum » est aujourd'hui installé dans la plus ancienne maison en pierre brute de l'ouest de l'Allemagne. Elle date de 1167.

BAD MÜNSTEREIFEL, Stadtblick mit Burgturm und Kurhaus / city view with castle tower and health-resort / la ville avec la tour de château

Im Mittelalter berühmt als Stadt der Wallfahrer und Wollenweber, wird Bad Münstereifel heute stark von Tagesausflüglern besucht. Ihr mittelalterliches Gepräge hat Bad Münstereifel trotz des touristischen Andrangs und der Kurgäste wie kaum eine andere Eifelstadt bewahrt. Gut erhalten ist die geschlossene alte Stadtbefestigung mit Ringmauer, vier Toren, achtzehn Türmen und die aus der Karolingerzeit stammende stattliche Burganlage. Das „Rote Rathaus" aus dem 15. Jahrhundert ist eines der wenigen erhaltenen gotischen Rathäuser im Rheinland.

Bad Münstereifel, famous as a place of pilgrimage and a weaving town in the Middle Ages, is now a popular Kneipp spa. The town has retained its medieval character, despite the modern spa facilities, probably more than any other town in the Eifel. The old fortifications, consisting of a ring wall with four gates, 18 towers and an impressive castle going back to Carolingian times, are well preserved. The "red town hall" dating from the 15th century is one of the few Gothic town halls still remaining in the Rhineland.

Au Moyen Age, cette ville était célèbre pour son lieu de pèlerinage et ses tisserands de lainage. Aujourd'hui elle est une station thermale. Bad Muenstereifel est une ville qui, parmi toutes les villes de l'Eifel, a su conservé au mieux son visage médiéval. Les fortifications dotées de murs d'enceinte, les quatres portes, les dix-huit tours et l'imposant château de l'époque carolingienne ont été bien conservés. L'hôtel de ville, crépi en rouge et datant du 15e siècle est de style gothique.

Dem Grafen von Jülich (13.Jh.) ist die Erschließung der Stadt mit Stadtbefestigung und Burg zu verdanken. Seine letzte Ruhestätte fand Graf Godfried von Jülich in einem Hochgrab in der Stiftskirche. Die dreischiffige Pfeilerbasilika hat ihre Ursprünge bereits um 830 als Klosterkapelle. Heute stellt sie ein wahres Meisterwerk der Baukunst ihrer Zeit dar. Wegen der Reliquien des Märtyrerehepaares Chrysanthus und Daria († 268) wurde Bad Münstereifel ein vielbesuchter Wallfahrtsort. Das St. Michael-Gymnasium (1659) besitzt auch eine eindrucksvolle Bibliothek.

Because of the thirteenth-century Counts of Juelich the town owes its ring of defences and castle. The collegiate church contains the tomb of Count Godfried of Jülich. The origins of this three-naved pillared basilica can be found in a monastery chapel dating back to about 830. Today visitors encounter a building that was an architectural masterpiece of its age. With its relics of the martyred couple Chrysanthus and Daria († 268), Bad Münstereifel was once a popular place of pilgrimage. St. Michael's grammar school (1659) houses an impressive library.

C'est au comte Godfried von Juelich (XIVe s.) que la pittoresque ville à l'enceinte et au château médiévaux doit sa première prospérité. L'église paroissiale abrite le tombeau du comte. La basilique à trois nefs et à la haute tour est née d'une chapelle de cloître construite vers 830 et représente aujourd'hui un chef d'oeuvre de l'architecture du moyen âge. Bad Muenstereifel devint une ville de pèlerinage très fréquentée en raison des reliques du couple de martyrs Chrysanthus et Daria, morts en 268. Le St. Michael-Gymnasium (lycée de 1659), possède une bibliothèque impressionnante.

△ Blick zum historischen Rathaus

△ Werther Tor

▽ Orchheimer Tor

▽ Historischer Umzug am Orchheimer Tor

Eingerahmt von den Stadttoren der vier Himmelsrichtungen, dem Orchheimer Tor, dem Heisterbacher Tor, dem Werther Tor und dem Johannistor, spiegelt die romantische Stadt eine wohlige Geborgenheit wieder. Besonders in der Vorweihnachtszeit gibt das herrliche Ambiente der schönen Fachwerkhäuser dem Weihnachtsmarkt eine besondere Note. Für Sportfreunde hat die Region um die Stadt während des Sommers einiges zu bieten, vom Wandern, Walken, Mountainbiken, Golfen und vielem mehr, bis zur Entspannung auf den Schönheitsfarmen.

This romantic little town is framed by gateways at all four points of the compass that lend it a cosy, sheltered atmosphere: the Orchheimer Tor, the Heisterbacher Tor, the Werther Tor and the Johannistor. Especially in the time before Christmas the attractive half-timbered houses provide a particularly charming setting for the Christmas market. Visitors to the area will find numerous opportunities for sporting activities such as hiking, walking, mountain biking and golfing, while the less energetic will appreciate relaxing at a beauty farm.

Entourée des portes qui se dressent aux quatre points cardinaux – le Orchheimer Tor, le Heisterbacher Tor, le Werther Tor et le Johannistor -, la ville romantique donne une impression de sécurité séculaire. Au mois de décembre, quand la commune se prépare à fêter Noël, les superbes maisons à pans de bois forment une toile de fond idéale pour le marché de Noël. Les amateurs de distractions actives et les sportifs peuvent s'adonner à de nombreux loisirs autour de Muenstereifel : randonnées, marche nordique, VTT, golf, tennis, équitation, hôtels de wellness, pour n'en citer que quelques-uns.

△ Euskirchen, Alter Markt ▽ Stadtblick mit der kath. Kirche St. Martin, welche ihre Ursprünge zwischen 650 und 750 n. Chr. hat ▽ Leierkasten-Orchester in der Neustraße

Die Kreisstadt Euskirchen liegt in der an Wasserburgen reichsten Gegend Deutschlands. Sie ist umgeben von 12 Wasserburgen, die alle ihren eigenen Charakter besitzen. Heute meist in Privatbesitz, können sie nur an bestimmten Tagen besichtigt werden. Die alte Handwerkerstadt wurde von Ledergerbereien und den Tuchwebern geprägt. Von dem florierenden Gewerbe zeugt heute noch die sehenswerte Pfarrkirche St. Martin, welche imposante sakrale Kunstwerke birgt. Entlang der eheml. Stadtmauer gibt es noch viele Türme und Tore zu sehen.

The greatest concentration of moated castles in Germany can be found around Euskirchen. There are no less than twelve, all with their own special character. Most are privately owned and only occasionally open to the public. Euskirchen is an old craftsmen's town where tanners and weavers once abounded. St Martin's church stands as a memorial to the era of these once flourishing industries and is worth a visit for its impressive collection of ecclesiastical art. The town wall, with its many towers and gateways, is also worth exploring.

Euskirchen, chef-lieu d'arrondissement, est située dans la région la plus riche en châteaux à douves d'Allemagne. 12 de ces châteaux se dressent dans les environs de la ville. La plupart sont des propriétés privées, mais peuvent être visités certains jours. La vieille cité d'artisans devint prospère grâce à la tannerie et la draperie. L'église paroissiale St-Martin qui abrite de précieux chefs d'oeuvre d'art sacré témoigne des anciennes activités florissantes de la ville. De nombreuses tours et portes se dressent encore sur le pourtour des fortifications qui entouraient autrefois la ville.

Der ca. 300.000 Jahre alte Kalkfelsen der Kakushöhle wurde schon vor 80.000 Jahren von Neandertalern bewohnt. Eine Sage munkelt, hier solle früher ein Riese Namens Kakus gehaust haben. — Das riesige „Weltraumohr"in Effelsberg, mit nicht weniger als 100 Metern Durchmesser, fängt die feinsten Strahlungen und Wellen aus einer Entfernung von Milliarden von Lichtjahren aus dem Weltraum auf. Es hat eine Höhe von 100 Metern und gilt als das zweitgrößte vollschwenkbare Radioteleskop der Welt. Seine Wellengenauigkeit ist bis 3,5 mm zuverlässig.

This limestone rock, which is about 300,000 years old, was inhabited by Neanderthalers around 80,000 years ago. According to legend a giant named Kakus was once the occupant of this place. — The radio telescope in a small valley out in the unspoilt countryside not far from Bad Münstereifel reaches up towards the sky, a technical miracle. With its huge "ear" of no less than 100 metres diameter, it picks up the tiniest rays and waves from the depths of space thousands of millions of miles away. It weighs 3200 tonnes, and is the fully rotatable radio telescope.

Les grottes de calcaire dont la formation remonte à quelque 300 000 ans, auraient déjà été l'habitat de néandertaliens il y a quelque 80 000 années. Selon une légende, un géant nommé Kakus y aurait aussi vécu. — Grâce à son immense « parabole d'espace cosmique » dans Effelsberg de 100 métres de diamètre, il réussit à capter, de façon très précise, les ondes et les rayonnements à une distance de milliards d'années-lumière de l'univers. Avec un poids de 3200 tonnes et une hauteur de 100 m, il est, au niveau mondial, le plus grand télescope pouvant être entièrement pivoté.

△ Rheinbach, Hexenturm – rustikale Location für Festivitäten

▽ Markt an der Pützstraße

RHEINBACH in der Voreifel

Rheinbach am Rande der Eifel – eine alte Stadt mit historischen Akzenten, innovativ und engagiert zur Neuzeit. Durch Vertriebene aus Nordböhmen nahm die Glasveredelung und damit der Beginn einer glasklaren Zukunft Rheinbachs seine Anfänge. Heute gibt es in Rheinbach die Glasfachschule und ein Glasmuseum. In ganz Europa gibt es keine andere Region mit solch einer Dichte an Burgen, Schlössern und Herrenhäusern, wie hier am Rande der Eifel. Aber auch die Kirchen und Klöster im Umkreis können viel aus der Vergangenheit erzählen.

RHEINBACH, foothills of the Eifel

Rheinbach is an old town with historic features that has nonetheless adapted to the modern world by means of innovative measures and commitment to progress. When refugees from northern Bohemia introduced the glass industry to the town, it marked the start of a crystal-clear future for Rheinbach, which today possesses a school of glass technology and a glass museum. No other region in Europe has so many castles, palaces and mansions as here at the border of the Eifel mountains, and you will also find a rich heritage of churches and abbeys.

Rheinbach, sur le pied de l'Eifel

Située à la lisière de l'Eifel, la ville historique de Rheinbach a accueilli la modernité à bras ouverts. Des réfugiés venus du nord de la Bohême y apportèrent l'art de la cristallerie, construisant ainsi la base de l'avenir prospère de la ville. Rheinbach abrite aujourd'hui un musée du verre et l'école technique du verre. Dans peu de régions d'Europe, on ne trouve une telle densité de châteaux forts, manoirs et gentilhommières comme ici à la lisière de l'Eifel, sans oublier les multiples églises et monastères qui racontent le passé de ce terroir.

Rheinbach ist die Stadt des Glases. Böhmische Glasveredler brachten nach dem zweiten Weltkrieg die Glaskunst nach Rheinbach, daraus entwickelten sich Veredelungswerkstätten, wie auch die bekannte Glasfachschule, welche auch heute noch für ambitionierten Nachwuchs im Glashandwerk und in der Glaskunst sorgt. Das Museum für Glaskunst und Glashandwerk wurde 1968 gegründet. Wertvolle Exponate kunstvoller Glasherstellung, von Barock bis zur Neuzeit, sowie einen umfassenden Überblick über die böhmische Glasherstellung, werden ausgestellt.

Rheinbach is a leading centre of the glass industry. After the Second World War, Bohemian glassworkers brought their skills to the town, resulting in the establishment of the glassworks and the famed Glass Technical College, which still trains talented young people who aim for a career in the artistic and commercial branches of glass-working. The Glass Museum, founded in 1968, gives a comprehensive overview of the history of Bohemian glass manufacture. Its exhibits include costly and elaborate examples of glass objects from the Baroque to the present.

Rheinbach est la ville de la verrerie. Après la Seconde Guerre mondiale, des artisans venus de Bohême ont apporté l'art du verre à Rheinbach. Des ateliers ont ensuite été créés, de même que l'École de la verrerie, aussi renommée que prisée par les nouvelles générations d'artisans et artistes du verre. La fondation du musée de l'art du verre et de la verrerie date de 1968. Outre une exposition captivante sur la verrerie de Bohême, on peut y admirer de magnifiques oeuvres en verre, de style baroque à contemporain.

Kommt man vom Rhein, bildet Bad Neuenahr, die Stadt der Quellen und Bäder, einen repräsentativen Eingang zur Eifel. Durch die heilkräftigen Mineral- und Thermalquellen aus vulkanischem Eifelboden hat sich das Heilbad zu einem Kurort mit internationalem Ruf entwickelt. Sehenswert vor allem der große Kurpark und das darin errichtete Kurhaus (1899-1901). Man badet in den Ahrthermen in Mineralwasser aus 359 m vulkanischer Tiefe - eine Quelle, die Weltruhm erlangte. Die Spielbank im Kurhaus hat eine lange Tradition und ist ein Eldorado der eleganten Welt.

Bad Neuenahr with its mineral springs and spas is a fine gateway to the Eifel, for those approaching it from the Rhineland. The spa has established a worldwide reputation thanks to its healing thermal springs that rise up out of the volcanic Eifel rock. The large kurpark and the kurhaus (1899-1901) are particularly worthy of note. Here you can bathe in the world-famous mineral springs which gush up from the volcanic depths of 359 metres under the earth. Alternatively, you can experience the fascination of the gaming table in the elegant atmosphere of Bad Neuenahr casino.

Bad Neuenahr, charmante ville thermale, représente un superbe accès à la région de l'Eifel. La station a acquis une réputation internationale grâce à ses sources d'eaux minérales aux vertus thérapeutiques, qui jaillissent du sol volcanique de l'Eifel, et à ses infrastructures. Elle abrite un grand parc, le Kurpark où se dresse le Kurhaus (établissement des bains) construit en 1899-1901. Dans les Ahrthermen (termes de l'Ahr), on se baigne dans une eau minérale jaillissant d'une profondeur de 359 mètres. Le casino installé dans le Kurhaus a une longue tradition et est un eldorado de la société élégante.

Der Stadtteil Ahrweiler ist eine Metropole inmitten des größten geschlossenen Rotweingebietes in Deutschland. Fast vollständig erhalten sind die Stadtbefestigungen aus dem 13. Jahrhundert mit Wallgraben, Toren und Türmen. Die Kirche St.Laurentius ist eine der ersten gotischen Hallenkirchen des Rheinlandes. Durch die sonnigen Weinberge links der Ahr führt der Rotweinwanderweg, der herrliche Ausblicke bietet. Er ist mit dem Symbol einer roten Traube von Altenahr aus bis nach Lohrsdorf gekennzeichnet.

Ahrweiler as part of the municipal unit Bad Neuenahr-Ahrweiler is a busy town in the midst of the largest single red-wine growing area in Germany. The fortifications dating back to the 13th century, with a town wall, moat, gates and towers, have been preserved almost in their entirety. The church of St. Laurentius was one of the first Gothic hall churches built in the Rhineland. The red-wine trail winds its way through the sunny vineyards on the left-hand side of the Ahr with fine views. The trail is marked with a red grape symbol and goes from Altenahr to Lohrsdorf.

Ahrweiler, qui fait partie de Bad Neuenahr, s'étend au coeur de la plus grande région viticole d'un seul tenant d'Allemagne. La localité a conservé presque toute ses fortifications du XIIe siècle avec des douves, des portes et des tours. St Laurentius est une des premières églises de type halle construite dans la région rhénane. De superbes vues s'offrent depuis le chemin de randonnée du vin rouge qui serpente à travers les vignobles de la rive gauche ensoleillée de l'Ahr. Jusqu'à Lohsdorf, il est balisé avec le symbole figurant une grappe de raisin rouge de la ville d'Altenahr.

Das Rotweinparadies Deutschlands liegt an der Ahr. Ein Blauer Spätburgunder mit temperamentvoller und samtiger Note, ein „Portugieser", der feinfruchtig und mild zugleich mundet, da kommt der Weinkenner ins schwärmen. Hier werden 85% der Rebsorten als rote Trauben angebaut. Durch das wildromantische Ahrtal schlängelt sich der Rotweinwanderweg. Hier, auf der Sonnenseite im milden Klima des Ahrtals, lässt sich auch im Winter die herrliche Gegend genießen. Während der Weinlese herrscht allerdings Hochbetrieb.

The Ahr valley is Germany's red wine paradise. Wine-lovers go into raptures when Ahr wines flow round the palate – the Pinot Noir, for example, temperamental but with a velvety note, or the light yet elegantly fruity Portugesier. Along the Ahr 85 % of the grapes are used for red wine. The red wine hiking trail meanders through the rocky, romantic valley, and on the sunny side, the climate is mild enough for walkers to enjoy the splendid scenery even in winter. The grape harvest marks the height of the season.

La vallée de l'Ahr abrite le paradis du vin rouge allemand. Les connaisseurs s'enthousiasment pour un « Blauer Spaetburgunder » capiteux et moelleux ou encore un « Portugieser » un von léger aux fines notes fruitées. Ici, 85 % des cépages produisent des vins rouges. Le chemin de randonnée du vin rouge serpente à travers la vallée romantique. Le climat y est si doux qu'on peut même s'asseoir dehors en hiver sur son côté ensoleillé. Durant les vendanges, les chemins de la vallée sont toutefois très fréquentés!

Die Ahr windet sich sprunghaft und kapriziös dem Rhein entgegen. Mal friedlich, mal geschäftig bahnt sie sich ihren Weg durch Wald und Wiesen ebenso wie durch die schroffen, steil aufragenden Felswände des Tonschiefers. Die Umwege, die ihr hier häufig aufgezwungen wurden, haben ihren Charakter und den des gesamten Tales geprägt. Das größte geschlossene Rotwein-Anbaugebiet Deutschlands wartet alljährlich mit weinseligen Winzerfesten auf. Die Krönung der Ahrweinkönigin gibt an Pfingsten den Auftakt für eine lange Reihe von Weinfesten.

The Ahr winds its erratic and capricious way towards the Rhine. In some places peaceful, in others busy, it flows through woods and meadows, and also past steep rockfaces of argillaceous slate. The meanderings it is forced to perform have shaped its character and that of the whole valley. The annual wine festivals of Germany's largest contiguous red wine producing area in Germany have a lively atmosphere all of their own. The festival season is launched at Whitsun with the crowning of the Ahr Wine Queen.

L'Ahr serpente vers le Rhin de façon inconstante et capricieuse. Tantôt calme, tantôt active, elle se fraye ainsi un chemin à travers fôrets et prés et à travers les parois rocheuses escarpées, abruptes et élevées des ardoises. C'est ici que fut construite la plus grande et dense région de vins rouges d'Allemagne. La plus grande région de vignes productrices de vin rouge d'un seul tenant d'Allemagne est très connue pour ses nombreuses fêtes viticoles. Le couronnement de la reine du vin de l'Ahr qui a lieu à la Pentecôte ouvre l'époque des multiples manifestations vinicoles.

Hoch türmen sich über dem Tal und dem ehemaligen Burgweiher die Häuser und Basteien der Burg zu Blankenheim auf. Hier residierten einst die Grafen von Blankenheim, eines der machtvollsten Geschlechter des Eifeladels. Sie waren mit Kaisern und Königen versippt, die ihre Burg zu einem Sammelort von Kunstwerken machten. Heute ist die Burg Treffpunkt und Raststätte der wandernden Jugend. Im Erdgeschoss eines Hauses am Steinpütz entspringt in Blankenheim die Ahr und rinnt als munteres Bächlein aus dem Viereck.

The buildings and bastions of Blankenheim Castle tower up above the valley and the former castle pond. The former Counts of Blankenheim resided here, one of the most powerful dynasties in the Eifel. They were related by marriage to kings and emperors, whose works of art found a home here. The rebuilt castle is now a centre and place of relaxation for today's youth. The source of the River Ahr is to be found on the ground floor of a house in Blankenheim. The frisky little stream flows out from amidst the pretty houses.

Entassés les uns contre les autres, les maisons et les bastions du château de Blankenheim surplomblent la vallée et l'ancien étang du château. C'est ici que résidèrent autrefois les comtes de Blankenheim, l'une des plus puissantes familles de la noblesse de l'Eifel. Ils étaient plus ou moins parents avec des empereurs et des rois qui firent de leur château un véritable dépot d'œuvres d'art. Le château reconstruit est, à l'heure actuelle, un lieu de rencontres et de relais pour les jeunes en voyage. L'Ahr prend sa source au rez-de-chaussée d'une maison située dans la rue am Steinpuetz.

Bacchus-

Hotel

DAHLEMER BINZ, Flugplatz

Wer nun schon viel von der Eifel gesehen hat, kennt vielleicht die Vogelperspektive noch nicht. Von dem Flugplatz Dahlemer Binz aus starten die meisten Segelflugzeuge in Nordrhein-Westfalen, denn die Eifel bietet von oben ihre Schönheiten wieder von einer ganz anderen reizvollen Seite dar. Wer lieber mit Motorengeräuschen startet, kann dies auch mit einem Sportflugzeug tun, oder bleibt gleich am Boden und unternimmt ein heißes Rennen auf der Kartbahn oder mit den Offroadern.

DAHLEMER BINZ, airfield

Even people who have explored much of the Eifel's varied scenery can find it a surprising experience to survey the landscape from a bird's eye view. Most of the gliders in North-Rhine Westphalia set off from Dahlemer Binz airfield, with good reason, for from the air the Eifel shows its attractions from a spectacular and completely different viewpoint. If you prefer the sound of a motor as accompaniment, take a trip in a sport plane or stay grounded for a spine-tingling race with a Go-Kart or Offroader.

DAHLEMER BINZ / Aérodrome

Ceux qui connaissent bien l'Eifel pour l'avoir explorée à pied ou en voiture feront peut-être d'autres découvertes à partir du ciel. L'aérodrome de Dahmeler Binz est l'endroit le plus fréquenté des planeurs en Rhénanie du Nord-Westphalie, et ce n'est pas étonnant car l'Eifel offre de magnifiques vues aériennes révélant des facettes inconnues de ses beautés naturelles. Si l'on préfère les bruits de moteur, on peut décoller à bord d'un avion de sport ou rester tout simplement au sol et participer à des courses de vitesse sur les circuits de karting ou de « Offroaders ».

Das Dorf Kronenburg krönt die steile Höhe über dem Kylltal. Es ist ein typisches Burgdorf geblieben, das alte Schönheiten der Romantik treu bewahrt hat. Die Bewohner blicken voll Stolz auf sein altschönes Gesicht und pflegen die zum Teil wertvoll ausgestatteten Bürgerhäuser stilvoll. Hier sind Maler zu Hause, hier wird getöpfert und gewebt, da schreitet man noch durch Tore hinein. Die ritterliche Kirche mit der Mittelsäule wurde bei ihrem Bau um 1508 in die Ringmauer einbezogen.

The village of Kronenburg tops the steep slopes above the Kyll valley. It has remained a typical castle village and has preserved its old romantic beauty. The population is proud of its fine appearance and lovingly tends the valuable old buildings with their fine gateways. This is the home of painters, potters and weavers. The gallant church, built around 1508 with one central pillar, was incorporated into the ring wall.

Le village de Kronenbourg orne le sommet abrupt surplombant la vallée de la Kyll. C'est un village resté typiquement châtelain et qui a su conserver les anciennes beautés du style romantique. Les habitants contemplent son magnifique visage d'antan avec une grande fierté et entretiennent leurs maisons, dont la majorité sont somptueusement meublées, avec goût. Les peintres sont ici chez eux, on y rencontre également des potiers et des tisserands et l'on doit encore franchir les portes de la ville. Lors de sa construction remontant au environ de l'an 1508.

Die ehemalige Benediktinerabtei und die mächtige Salvator-Basilika sind Mittel- und Glanzpunkte der Eifelstadt Prüm. In einem Wirtschaftsraum, der bis an die belgische und luxemburgische Grenze reicht, ist der Klimakurort Prüm ein bedeutender Markt- und Zentralort. Das Kloster ist eng verbunden mit dem Hause der Karolinger und hatte in früheren Jahren eine große Ausstrahlung, sie war eine der reichsten Abteien in ganz Deutschland. Karl der Große wurde wahrscheinlich hier geboren.

The former Benedictine abbey and impressive basilica are the focal point and chief landmark of the Eifel town of Prüm. The spa town of Prüm is an important centre and market for an area that stretches as far as the Belgian and Luxembourg borders. The abbey was closely connected with the Carolinian dynasty, and Emperor Charlemagne was probably born here. In its heyday it was highly influential and one of the most wealthy religious foundations in Germany.

L'ancienne abbaye bénédictine et la puissante basilique Salvator constituent l'âme et la beauté centrale de la ville de Pruem située dans la région de l'Eifel. Dans un espace économique s'étendant jusqu'à la frontière belge et luxembourgeoise, la ville thermale de Pruem constitue, au point de vue économique, un point stratégique et central. Le monastère était étroitement lié à la lignée des Carolingiens puisque Charlemagne y serait né ; il devint après sa fondation une des abbayes les plus riches et les plus influentes d'Allemagne.

Vor Gerolstein ragt die Kasselburg mit einem äußerst seltenen Doppelturm aus dem Tal der Kyll. Hier entstand der sehenswerte Adler- und Wolfspark der einzigartigen Deutschen Wildstraße. Die alten Gemäuer des Burghofes aus dem 12. Jahrhundert werden von Wildvögeln bewohnt. In Wäldern nahe der Burg bietet die Wolfsschlucht dem größten Wolfsrudel Europas einen geeigneten Lebensraum.

The architecturally important Kasselburg with its unusual twin towers rises up above the Kyll valley near Gerolstein. It is on the Deutsche Wildstrasse (Game Route) and is the site of a unique falconry and eagle park.The walls around the castle date from the 12th century and are populated by wild birds. In the nearby woods, Wolf Ravine provides a suitable habitat for Europe's largest pack of wolves.

Le château de Kasselburg, doté de deux tours plutôt étranges, se dresse depuis Gerolstein vers la vallée de la Kyll. C'est ici que fut construit le refuge d'aigles et de faucons de la route allemande du gibier, unique en son genre. Les vieux murs du château (XIIe siecle) abritent une colonie d'oiseaux et dans la forêt proche, le ravin dit Wolfsschlucht offre un habitat adéquat à la plus grande bande de loups d'Europe.

Sprudelnde Heilquellen und Mineralwasser, Eishöhlen, urige Felsformationen und Versteinerungen: Das ist Gerolstein in der Vulkaneifel. Schon die Kelten und Römer füllten das Mineralwasser der Gerolsteiner Quelle ab. Später entstand aus dieser Quelle die bekannte Mineralwasserindustrie. Schon in der Steinzeit gab es im Buchenloch eine 36 m lange Karsthöhle, welche besiedelt war. 1115 wurde die Löwenburg erbaut und begründete die weitere Entwicklung Gerolsteins. Die Erlöserkirche (1907–1913) wurde mit aufwändigen Mosaiken ausgestaltet.

Gerolstein, in the volcanic Eifel, offers visitors the experience of bubbling mineral springs, famous mineral water, ice caves, bizarre rock formations and fossils. Even the Celts and Romans tapped the waters of Gerolstein's springs, and more recently, the waters have been bottled for the industrial production of the famous Gerolstein mineral water. The Buchenloch was inhabited as far back as the Stone Age. The founding of the Löwenburg in 1115 was to prove a crucial factor in the town's further development. The Erlöserkirche (1907–13) was decorated with many intricate mosaics.

Sources minérales jaillissantes, eaux gazeuses, cavernes glaciaires, formations rocheuses étranges, tout cela est Gerolstein dans l'Eifel volcanique. Les Celtes et les Romains buvaient déjà l'eau gazeuse de la source de Gerolstein, qui plus tard serait à l'origine d'une importante industrie de l'eau minérale. La grotte karstique de 36 m de longueur située à Buchenloch était déjà habitée à l'âge de la pierre. La localité de Gerolstein se développa après l'édification de la Löwenburg en 1115. De belles mosaïques ornent l'église de la Rédemption bâtie entre 1907 et 1913.

KYLLBURG Römische Villa Otrang

Vom Talgrund herauf bis zur bewaldeten Hochebene staffeln sich Häuser und Straßenzeilen der Kurstadt Kyllburg. Die forellenreiche Kyll umfasst sie in einem weiten Bogen. Hoch über der Stadt steht die alte Stiftskirche mit einem gotischen Kreuzgang aus dem 14. Jh. — Mit der Ausgrabung der römischen Villa Otrang im Kreis Bitburg wurde ein eindrucksvolles Denkmal hoch entwickelter Baukunst zugänglich. Mehrere gut erhaltene Mosaikböden und Bäder sind Beweise für einen hohen Lebensstandard der Römer vor fast 2000 Jahren.

KYLLBURG Roman villa Otrang

The houses and streets of the spa town of Kyllburg line the slopes from the valley floor up to the wooded heights. The Kyll, offering fine trout fishing, encircles the town in a broad reach. High up above the town is the old collegiate church with a Gothic cloister dating from the 14th century. — The excavation of the Roman villa Otrang near Bitburg brought to light an architectural monument of great value, and a fine example of the highly developed state of Roman architecture. Several well-preserved mosaic floors and baths are proof of the high standard of living enjoyed almost 2000 years ago.

KYLLBURG villa romaine d'Otrang

Maisons et rues de la ville thermale de Kyllburg s'alignent du haut de la vallée jusqu'au haut plateau boisé. Le fleuve de Kyll, où abondent les truites, l'englobe en formant un large arc. L'ancienne église avec son chemin de croix gothique, datant du 14e siècle, domine la ville. — Lors des fouilles archéologiques au cours desquelles on découvra la villa romaine d'Otrang dans le district de Bitburg. On pouvait désormais accéder à un imposant monument à architecture très développée. Un grand nombre de sols en mosaïque et de salles de bain, bien conservés, témoignent d'un haut niveau de vie qui régnait il y a presque 2000 ans.

Über die Jahrhunderte hat sich Bitburg seinen Charme erhalten und präsentiert sich heute als moderne Stadt. Die Bitburger Brauerei ist weit über die Landesgrenzen hinweg bekannt. In den schillernden Farben der herrlichen Kostüme spiegelt sich die Offenheit der Stadt wider. Dann befindet sich Bitburg im Völkerverständigungs-Ausnahmezustand des alljährlich stattfindenden „Europäischen Folklorefestivals" am zweiten Wochenende im Juli. – Der Luftkurort Bollendorf befindet sich direkt an der Grenze zu Luxemburg, die schöne Lage begeisterte schon die Kelten.

Over the centuries Bitburg has retained its charm yet has also established itself as a forward-looking town. Bitburg's brewery is famous far beyond the borders of Germany. The outgoing attitude of the town is reflected in the colourful costumes of the annual European Folk Festival, held on the second weekend in July, when Bitburg finds itself at the forefront of international goodwill and understanding. – Bollendorf is now a climatic health resort situated directly on the border to Luxembourg. Its advantageous location was first discovered by the Celts.

Bitburg a conservé son charme par-delà les siècles, mais s'est aussi développée en une ville active et moderne. Les bières de la brasserie de Bitburg sont réputées dans toute l'Allemagne. Les couleurs éclatantes des superbes costumes reflètent l'esprit ouvert de la ville. Tous les ans, le deuxième week-end de juillet, Bitburg accueille dans la liesse le Festival européen du folklore, manifestation célébrant l'amitié entre les peuples. – La station climatique de Bollendorf est située directement sur la frontière luxembourgeoise, dans une belle région déjà appréciée au temps des Celtes.

Fraubillenkreuz, Südeifeler Naturpark

Das „Ferschweiler Plateau" am linken Ufer der Sauer ist altes Kulturland. Das „Fraubillenkreuz" und die „Kiesgräber", eine frühgeschichtliche Begräbnisstätte, sind Zeugnisse keltischer Besiedlung inmitten der herrlichen Waldlandschaft des Südeifeler Naturparks. Die Kelten hatten im Rheinland und der Eifel viele Ihrer frühzeitlichen Spuren hinterlassen. Frauen wurden hoch angesehen und konnten jeden Rang erreichen. Reiche Grabbeigaben wurden den Fürstengräbern zugeführt, in denen zeitweise nur Frauen bestattet worden sind.

Fraubillenkreuz, South Eifel

The Ferschweiler Plateau on the left bank of the Sauer has a long cultural history. The "Fraubillenkreuz" and the "Kiesgraeber", a prehistorical burial ground, are remains of old Celtic settlements in the midst of the glorious wooded countryside of the Southern Eifel Nature Reserve. Celtic tribes left numerous traces of their early civilization in the Rhineland and the Eifel. Women were looked up to and could attain the highest positions. Costly burial objects were placed in the graves of the nobility, in which sometimes only women were buried.

Croix de Fraubillen, de l'Eifel du Sud

Le «plateau de Ferschweiler» situé sur la rive gauche de la Sauer, constitue une ancien trésor culturel du pays. La «Fraubillenkreuz» et les «Kiesgräber», lieux de sépultures protohistoriques, témoignent de la colonisation celtique en plein centre du magnifique paysage boisé du par naturel du Sued-Eifel. Les Celtes ont laissé de nombreuses traces dans la région rhénane et dans l'Eifel. Les femmes celtes qui jouissaient d'une haute considération pouvaient atteindre les rangs les plus élevés. Parmi les tombeaux princiers qui renfermaient de précieux objets funéraires, plusieurs étaient des sépultures de femmes.

Stromschnellen bei Irrel

Beiderseits von Our und Sauer entstand als natürliche Einheit der Deutsch-Luxemburgische Naturpark. Mitten in dieser Landschaft liegen die geologisch interessanten Felsformationen von Prümzurlay sowie die großartigen Stromschnellen bei Irrel. Auch die Teufelsschlucht, die, weil sie nicht von einem Fluss geschaffen sein konnte, dem Teufelswerk zugerechnet wurde, wirkt als zerklüftete Felsformation wild und geheimnisvoll. Die Irreler Wasserfälle sind durch herabfallende Felsbrocken entstanden.

Rapids near Irrel

The German-Luxembourg Nature Reserve encompasses the countryside on either side of the Our and the Sauer to form one natural unit. In the midst of this area there are the geologically interesting rock formations of Prümzurlay and the fine rapids near Irrel. The rugged rock formations of the Devil's Ravine also convey the feeling that this is a wild, mysterious place. The ravine was said to be the work of the devil, as it could not have been scoured out by a river only. Irreler waterfalls are the result of falling rocks.

Chutes d'eau près d'Irrel

Le parc naturel germano-luxembourgeois prit naissance tout à fait naturellement de chaque côté de l'Our et de la Sauer. En plein milieu de ce paysage, vous découvrirez les formations rocheuses de Pruemzurlay, intéressantes au point de vue géologique, et une vue grandiose vous sera réservée sur les rapides, situées à proximité de Irrel. Seul le diable et non pas une rivière a pu creuser la Teufelsschlucht, (ravin du diable), d'où le nom de cette gorge sauvage, aux parois rocheuses déchiquetées. Les chutes d'eau d'Irrel se sont formées sur les blocs de rochers qui se détachaient des parois.

Von der Römerstadt Trier entlang der Mosel

Wo die Eifel endet, liegt Trier, das römische Augusta Treverorum, seit Cäsar hier die Kelten unterworfen hatte. Die strategische Bedeutung der Stadt an der Moselfurt wuchs ins Immense, als hier im Jahre 17 vor Christi Geburt der erste Brückenschlag über die Mosel gelang. Die Verlängerung der alten Römerbrücke heißt heute Karl-Marx-Straße, denn nur ein paar Meter weiter in der Brückenstraße 10 wurde Karl Marx 1818 geboren. Das Haus ist heute ein Museum. Die Porta Nigra war eines der stattlichsten Stadttore des Römischen Imperiums.

Where the Eifel ends, we find Trier, called Augusta Treverorum after the Romans defeated the Celts. The strategic importance of the town as a ford on the Moselle grew immensely when they managed to construct the first bridge across the river in 17 BC. Porta Nigra is one of the most magnificent gates in the whole Roman Empire. The extension of the old Roman bridge is today called Karl-Marx Road, since number 10 Brückenstrasse, only a few metres away, is where Karl Marx was born in 1818. Today the building is a museum.

Trèves, portant le nom de « Augusta Treverorum » après la victoire de César sur les celtes, est située aux portes de l'Eifel. L'importance stratégique de la ville prit des dimensions immenses lorsque la Moselle fut franchie pour la première fois en l'an 17 avant Jésus-Christ. La prolongation de l'ancien pont romain s'appelle aujourd'hui la rue Karl Marx car c'est seulement quelques kilomètres plus loin, au numéro 10 de la rue Brücken, que naquit Karl Marx en 1818. Sa maison est actuellement un musée.

Welche Kulisse ist besser geeignet, um ein Römerspektakel zu erleben, als das 1900 Jahre alte Amphitheater in Trier? Auf dem Originalschauplatz finden jährlich im August Gladiatorenkämpfe statt; wie einst unter Caesar nach dem Motto „vitam aut mortem" - Leben oder Tod. Authentisch werden die Veranstaltungen in antikem Ambiente inszeniert, mit Legionärslager, Handwerkerdorf, einer Tavernenwelt und den alten Thermen. Während des ganzen Jahres gibt es interessante Führungen amüsant in Szene gesetzt, welche viel Hintergrundwissen bieten.

What more appropriate backdrop could there be to view a Roman spectacle than the 1900-year-old amphitheatre in Trier? Every year, Gladiator Festivals take place in this authentic setting, as they once did under Caesar under the motto 'vitam aut mortem' – life or death. All the trappings of the ancient gladiator fights are recreated here: legionnaire camps, craft villages, Roman taverns and so on. Throughout the year there are also interesting tours which are amusingly dramatised and offer visitors a wealth of background information.

Quel décor plus adéquat que l'amphithéâtre construit il y a 1900 ans pourrait-on choisir pour y présenter un spectacle romain ? Chaque année, en août, se déroulent des « combats de gladiateurs » sous la devise « vitam aut mortem » - la vie ou la mort – comme jadis, à l'époque de César. Les diverses manifestations ont lieu dans une ambiance recréée à l'antique, avec entre autres un camp de légionnaires, un village romain avec des ateliers d'artisans et des tavernes. Durant toute l'année, des visites guidées proposent la découverte ludique de l'histoire romaine dans la région rhénane.

AUGENOPTIK
NORDST
VERSICHERU
GOLD-HA
RESTAURANT

TRIER, Kurfürstliches Palais ▷

Das Kurfürstliche Palais gilt als einer der schönsten Rokoko-Paläste der Welt. Dahinter steht die mächtige Basilika, der größte Einzelraum aus der Antike und Thronsaal des Kaisers Konstantin, ein eindrucksvoller Prestigebau.

The Elector's Palace is regarded as one of the world's most beautiful Rococo palaces. Behind it stands the mighty basilica, the largest surviving single-room structure of Roman times and the throne room of the Emperor Constantine.

Le Palais Électoral, superbe bâtiment de style baroque, avoisine la basilique romaine, également appelée Aula palatina. À l'origine salle du trône de l'empereur Constantin, l'édifice prestigieux devint plus tard une basilique.

◁ TRIER, Marktplatz, St. Gangolf, Steipe

TRIER, Porta Nigra (180 n. Chr.) ▷

Das Wahrzeichen der Stadt, die Porta Nigra, wurde nie richtig fertiggestellt. Der nördliche Stadtzugang bekam keine beweglichen Tore und manches wurde im Rohzustand belassen. Seinen Namen bekam es durch die Verwitterung des Gesteins: Porta Nigra = Schwarzes Tor.

Trier's most famous landmark, the Porta Nigra, was never completed. This northern gateway to the town did not have movable gates, and parts were left unfinished. Its medieval name of Porta Nigra, or Black Gate, derives from the black patina of the stone.

Symbole de la ville, la Porta Nigra jamais été vraiment achevée. Donnant accès à la partie nord de la ville, elle resta dépourvue de portes mobiles tandis que plusieurs de ses éléments demeurèrent à l'état brut. Elle fut appelée « Porte Noire » au moyen âge en raison de la patine qui la recouvrait.

In Wittlich reichen die Weinhänge bis an den Stadtrand. Neben zahlreichen historischen Gebäuden in der Altstadt fällt besonders das Rathaus im Spätrenaissance-Stil auf. Die Stadt an der Lieser ist gut besuchter Schauplatz des Eifelvolksfestes Säubrennerkirmes. — Der staatlich anerkannte Luftkurort liegt im Deutsch-Luxemburgischen Naturpark, eingebettet in das Tal der Enz. Die Burg Neuerburg ist die größte noch erhaltene Burganlage des Kreises Bitburg-Prüm. Erbaut wurde sie im 12. und 13. Jahrhundert und besitzt heute noch eine sehenswerte Burgkapelle.

At Wittlich the vineyards extend right down to the edge of the town. Among the many historical buildings in the old town, the colourful town hall in late-Renaissance style is particularly eye-catching. The town on the Lieser has for years been the scene of a strange Eifel folk festival, the Wittlich "Säubrennerkirmes". — The state-approved climatic resort of Neuerburg nestles in the Enz valley in the German-Luxembourg National Park. Neuerburg castle (12th and 13th century) is the largest surviving castle in the borough of Bitburg-Prüm.

Les coteaux descendent jusqu'à la lisière de la ville de Wittlich. Outre de nombreux édifices historiques, le vieux quartier « Altstadt » abrite le superbe hôtel de ville de style Renaissance. La ville sur la Lieser est également connue pour la « Säubrennerkirmes », une fête populaire de l'Eifel. — La station climatique se niche dans la vallée de l'Enz qui fait partie du parc naturel dit Deutsch-Luxemburgischen Naturpark. Burg Neuerburg est le plus grand château fort conservé de l'arrondissement de Bitburg-Prüm. Bâti aux XIIe et XIIIe siècles, il abrite une très jolie chapelle.

Die Moselschleife bei Bremm bietet dem vielgeliebten rassigen Riesling beste Voraussetzungen. Die Hänge sind die steilsten in ganz Europa und so kann die Rebe üppig Sonne tanken, geschützt vor unwirtlichen Nord- und Ostwinden. – Cochem, vom röm. „villa cuchuma" hergeleitet, ist ganz vom Mittelalter geprägt. Die 1877 wiederhergestellte Burg beherrscht das Bild zusammen mit dem hochgelegenen Kapuzinerkloster. Hier wirkte im und nach dem Dreißigjährigen Krieg der Kapuziner Martin von Cochem als Prediger und Volksschriftsteller.

The area of the Moselle's horseshoe meander near Bremm supplies the much-loved, freshly flavoured Riesling with ideal conditions. The vineyard slopes are the steepest in all Europe and enable the grapes to soak up abundant sunlight while enjoying protection from north and east winds. – Cochem, derived from the Latin "villa cuchuma", still has a very medieval atmosphere. The castle, rebuilt in 1877, dominates the scene along with the Capuchin monastery. The Capuchin monk, Martin of Cochem, was active as a preacher and popular writer during and after the Thirty Years War.

Un riesling très apprécié est produit sur ce terroir aux bords d'un méandre de la Moselle près de Bremm. Sur les versants les plus pentus d'Europe, les vignes peuvent se gorger de soleil, à l'abri des vents violents du nord et de l'est. – La ville de Cochem, dont le nom est dérivé du terme romain « villa cuchuma » a gardé son visage médiéval. Le château, reconstruit en 1877, et le cloître capucin embellissent le visage de Cochem. Après la guerre de trente ans, le capucin Martin de Cochem y exerça les fonctions de prêcheur et d'écrivain populaire.

Durch die Vulkaneifel

Zwei Burgen zeugen vom damaligen Machtstand: Zum Einen das Kurfürstentum Trier auf der Oberburg und zum Anderen das einst mächtige Geschlecht der Manderscheider im Luxemburgischen Hoheitsgebiet auf der Niederburg. Die Burgen ragen aus dem tiefen, zerklüfteten Tal der Lieser auf und reichen fast an die Häuser des Klimakurortes Manderscheid auf der Hochfläche. Auf der Niederburg und deren Turnierwiese findet im Sommer das historische Burgenfest statt, mit Rittern und Gauklern, Knappen und Marketenderinnen.

Two castles of the ruling family of the time are to be seen here. Firstly, the Upper Castle of the Elector of Trier and secondly the Lower Castle, once owned by the mighty house of Manderscheid and in the territory of the Duchy of Luxembourg. The castles rise up from the deep jagged valley of the River Lieser, almost reaching the houses of the climatic health resort of Manderscheid on the plateau. Each summer, the Lower Castle and its grounds play host to the annual Castle Festival, with knights and jugglers, knaves and victuallers.

L'Oberburg était jadis le siège des princes-électeurs de Trèves et la Niderburg celui de la lignée puissante des Manderscheid qui régnaient sur le territoire luxembourgeois indépendant. Les ruines des deux châteaux se dressent au-dessus de la profonde vallée déchiquetée de la Lieser, rejoignant presque les maisons situées dans le quartier haut de la station climatique de Manderscheid. En été, des fêtes médiévales historiques rassemblant tournois de chevaliers, bateleurs, écuyers et vivandières, ont lieu à la Niederburg et sur les vastes pelouses de l'ancien château féodal.

VULKANEIFEL - DAUNER MAARE

Ein einzigartiges vulkanisches Landschaftsbild sind die drei Maare bei Daun: das Gemündener Maar, das Weinfelder- oder Totenmaar und das Schalkenmehrener Maar. Die klaren Seen in den ruhenden Vulkanen sind in der Tat, wie es ein von der Eifel begeisterter Dichter einmal ausdrückte, „die Augen der Landschaft". Vor über 10.000 Jahren kam es in der Eifel oft vor, dass durch das Zusammentreffen von kaltem Wasser mit Magma phreatomagmatische Explosionen stattfanden und die trichterförmige runde Hohlform der Maare entstand.

Volcanic Eifel – volcanic lakes, Daun

The three maars near Daun, the Gemuendener Maar, the Weinfelder Maar or Totenmaar and the Schalkenmehrener Maar, are a unique volcanic phenomenon. These three lakes with their crystal clear water came into being in the craters of resting volcanoes and are indeed, as a poet once called them, "the eyes of the landscape". Over 10,000 years ago, underground explosions shook the Eifel. They were caused by hot magma interacting with cold ground water and resulted in funnel-shaped holes that were filled with water to become the so-called "Maare".

Eifel volcanique - DAUNER MAARE

Des paysages volcaniques, nous offrant des tableaux uniques en leur genre, sont les trois lacs situés à proximité de Daun : le Gemuendener Maar, le Weinfelder Maar ou Totenmaar et le Schalkenmehrener Maar. La formation des « maare » de l'Eifel remonte à plus de 10 000 ans. Ces abîmes circulaires en forme d'entonnoir, devenus pour la plupart des lacs, proviennent d'explosions dues à la rencontre brutale d'eaux froides souterraines et de magma.

Die Stadt Daun, Kneipp- und Mineralheilbad, wurde durch ihre Mineralquellen zu einem der bedeutendsten Kurorte im Herzen der vulkanischen Eifel. Diese Quellen sind immer noch Zeugen der vulkanischen Tätigkeit, denn das eindringende Niederschlagswasser vermischt sich mit der aggressiven vulkanischen Kohlensäure und löst durch diesen Vorgang die Mineralien aus dem Gestein. Bei den interessanten Wanderungen trifft man überall auf vulkanische Merkmale, um die sich auch so manche Sage rankt.

The mineral spings of Daun have made it one of the most important Kneipp and mineral-spring spa towns in the heart of the volcanic Eifel. The town grew up around the dynastic seat of the Counts of Daun. These springs testify to prehistoric volcanic activity, in a process which involved rainwater soaking into the soil and mixing with aggressive volcanic carbon dioxide to release minerals from the rock. Walkers in this area will find interesting features typical of volcanic scenery and perhaps encounter some of the local legends surrounding their origins.

La ville de Daun, station thermale où l'on pratique les affusions de Kneipp, est devenue, grâce à ses sources d'eau minérale, l'une des stations thermales les plus importantes en plein centre de l'Eifel volcanique. Les eaux de pluie pénétrant dans la roche se mélangent aux acides carboniques volcaniques, provoquant le détachement des minéraux de la roche. En partant en randonnée, on découvre divers paysages volcaniques captivants, des lieux qui semblent mystérieux et sont pour la plupart entourés de légendes.

Das Eifel-Vulkanmuseum Daun versteht sich als Teil des Vulkaneifel European Geoparks. Anschaulich werden die erstaunlichen Aktivitäten eines Vulkans beschrieben. Wie sah die Erde vor 380 Millionen Jahren aus oder wie wird sie in weiter Zukunft einmal aussehen? Wie entstehen durch Gesteinverschiebungen Naturkatastrophen? Mit mehreren vor ca. 35 - 45 Millionen Jahren einsetzenden vulkanischen Aktivitäten wurde die Eifel zu dem gemacht was sie heute ist: eine Mittelgebirgslandschaft mit dem ganz besondere Reiz des Ungewissen.

The Eifel Volcano Museum in Daun is part of the Volcanic Eifel European Geopark. Visitors are given explanations of the amazing workings of volcanoes and discover what the world looked like 380 million years ago and even what it may look like in the far distant future. How do movements of rock cause such huge upheavals of the landscape? The Eifel today is the result of bursts of volcanic activity that took place between 35 and 45 million years ago and resulted in a high plateau with that special charm born of a mysterious past.

Le musée de volcanologie de Daun fait partie du parc géologique de l'Eifel volcanique. Les activités des volcans y sont remarquablement expliquées. Comment était la terre il y a 380 millions d'années et quel sera son aspect dans l'avenir? Comment le déplacement des roches provoque-t-il des catastrophes naturelles ? Il y a quelque 35 à 45 millions d'années, les volcans en irruption ont formé l'Eifel telle qu'elle se présente aujourd'hui, une région de montagnes moyennes à la nature encore changeante.

◁ Schlackenkegel △ glühende Magma beim Vulkanausbruch ▽ Lavatropfen aus dem Vulkan „Wartgesberg"

Der Mosenberg präsentiert sich mit seinen Kratern und Maaren als die „klassische" Vulkangruppe der Westeifel. Wie kaum an anderer Stelle kann man an diesem „Lehrvulkan" mit seinen vier Kratern fast alle Erscheinungen des Vulkanismus beobachten. Aus dem Südkrater ergoss sich ein Lavastrom in den „Horngraben" und floss weiter bis in das Tal der kleinen Kyll. Dort staute sich die Lava zu einer Mächtigkeit von über 30 Metern, heute noch sichtbar in den hohen Basaltsäulen der „Wolfsschlucht". Mit einem vollständig erhaltenen Ringwall zeigt sich das Maar „Windsborn".

The Mosenberg with its craters and maars is the „classic" volcanic group of hills in the western Eifel. This „teaching volcano" with its four craters has just everything of volcanic interest there is to see anywhere. A stream of lava erupted out of the southern crater into the „Horngraben" an then down into the valley of the Lesser Kyll. The lava accumulated into a migthy mass over 30 metres high, visible today in the basalt columns in the „Wolf's Gorge". The „Windsborn" is the most complete one of Mosenberg's craters, a crater lake with a ring wall that is still intact.

Les vestiges les plus apparents, que nous présente le Mosenberg, sont ses cratères et ses lacs classiques du West-Eifel. Forme rare dans l'Eifel, ce volcan avec ses quatre cratères présente la plupart des phénomènes typiques des volcans. Une coulée de lave, partie du cratère sud, se déversa dans «l'Horngraben» et continua à s'écouler jusque dans la petite vallée de la Kyll. C'est à cet endroit là que la lave s'arrêta et s'accumula avec une puissance de plus de 30 mètres, comme le témoignent à l'heure actuelle les hautes colonnes basaltiques présentes dans la «gorge du diable».

Der Wasserfall bei Nohn ist wohl der interessanteste Wasserfall in der gesamten Eifel. Wegen seiner Einmaligkeit wurde der Wasserfall von Dreimühlen zum Naturdenkmal – nördlichstes Kalksintervorkommen in Europa. — In das Bild der vulkanischen Eifel gehört seit Generationen die 1840 gegründete Glockengießerei in Brockscheid, in der nach überlieferter handwerklicher Manier noch Bronzeglocken gegossen werden. Höhepunkt ist der mehrmals im Jahr stattfindende Glockenguss, für zahlreiche Besucher ein noch nie gesehenes Ereignis.

This waterfall near Nohn is without doubt the most interesting waterfall in the whole of the Eifel. Because of its unique qualities - it is the most northerly example of limestone sintering in Europe – the Dreimuehlen (three mills) waterfall has been declared a natural monument. — The bell foundry of Brockscheid, founded in 1840, is as much a part of the Eifel as anywhere. Bells are still cast in bronze in the traditional craftsman's way. The high points of the year are the regular castings, a unique experience for the many visitors.

La cascade de Dreimühlen située près de Nohn est la plus intéressante de toutes les chutes d'eau de l'Eifel. Elle fait officiellement partie des monuments naturels en raison de son unicité – elle est la cascade la plus au nord de l'Europe qui produit des concrétions calcaires. — Depuis des générations, la fonderie de cloches de Brockscheid, créée 1840, fait partie du paysage de l'Eifel volcanique. Les cloches en bronze y sont encore fondues selon l'art artisanal ancien. Plusieurs fois par an, le moulage des cloches est un spectacle auquel peuvent assister les nombreux visiteurs de la fonderie.

WETTER VERTREIB
REINHART COEN

Das Pulvermaar bei Gillenfeld ist nach dem Laacher See das größte und über 70 Metern das tiefste der Eifeler Maare. Es ist der tiefste See Deutschlands nördlich der Alpen. — Ulmen liegt am Ulmener Maar, einem Maarsee vulkanischen Ursprungs. Erst vor ca. 9.500 Jahren entstanden, ist es eines der jüngsten Eifelmaare. Nördlich des Ulmener Maars befindet sich das verlandete Maar des Jungfernweihers, er wurde 1942 aufgestaut. Das Maar enstand durch einen 118.000 Jahre alten Vulkan, welcher wesentlich größer ist als der des Ulmener Maars.

The Pulvermaar near Gillenfeld is the second largest Eifel maar after the Laach Lake, and with a depth of over 70 metres the deepest. It is deeper than any other lake in Germany outside the Alps. — Ulmen is situated on the banks of the Ulmener Maar, about 9.500 years old and so one of the youngest Eifel maars. North of the Ulmener Maar lies the Jungfernweiher, once dried up but dammed again in 1942. The original lake resulted from the explosion of an 118,000-year-old volcano, which was considerably larger than the one that gave rise to the Ulmener Maar.

Avec une profondeur parmi 70 mètres, le lac Pulvermaar, situé aux alentours de Gillenfeld est, après le lac de cratère de Maria Laach, le plus grand et le plus profond lac de cratères de l'Eifel volcanique. — Ulmen est situé au bord du cratère d'Ulmen (Ulmener Maar), qui, bien qu'âgé de environ 9500 ans, constitue l'un des plus jeunes lacs de la région de l'Eifel. Au nord de l'Ulmener Maar, s'étend le lac aménagé en 1942 dans le Jungfernweiher Maar, site d'un ancien lac de cratère, aujourd'hui réserve naturelle. Ce lac né d'un volcan vieux de 118 000 années est bien plus vaste que l'Ulmener Maar.

NÜRBURGRING mit der Nürburg im Hintergrund / with the Nürburg in the background / en arrière-plan de Nürburg

Einst galt die Nürburg als eine der stärksten Festungen in der Eifel. Wer hätte im 11. Jahrhundert schon gedacht, dass die Entwicklungen des 20. Jahrhunderts, den Ort und seine Burg zu weltweitem Ruhm führen würden. Die Erfolgsgeschichte des Nürburgrings begann 1927. Während der nachfolgenden 8 Jahrzehnte wurde die Renn- und Teststrecke mehrfach um- und ausgebaut. Mit der 1984 ausgebauten Grand-Prix-Strecke ist der Nürburgring den gesteigerten Renntechniken der heutigen Zeit entsprechend angepasst worden.

The Nürburg was once regarded as one of the most impregnable fortresses in the Eifel, and back in the 11th century, no-one could have foreseen that the course of 20th century history would result in both town and castle achieving international fame. The Nürburgring's success story first began in 1927, and during the following eight decades the motor racing circuit and test track were extended and reconstructed several times. The Grand Prix course, dating from 1984, has now been adapted to accommodate new high-performance motor racing technologies.

Jadis, la Nürburg était une forteresse imposante de l'Eifel. Ses habitants au XIe siècle n'auraient certainement jamais imaginé que son nom deviendrait célèbre dans le monde entier au XXe siècle. L'histoire du Nürburgring a commencé en 1927 ; au cours des huit décennies suivantes, le circuit d'épreuves et de courses automobiles a été plusieurs fois transformé et agrandi pour devenir circuit de Grand Prix de formule 1 en 1984. Doté des techniques adaptées à l'ère moderne, il accueille également d'autres manifestations populaires.

Formel 1 Rennen, Truck-Grand-Prix, Oldtimer-Treffen und "Rock am Ring", eines der größten Open-Air-Festivals in ganz Europa, ließen den Nürburgring zu einem Eventstandort ganz besonderer Klasse werden. Nicht umsonst gilt der Nürburgring auch als die Königin der Rennstrecken. Durch die Eröffnung des ganzjährigen Freizeit- und Businesszentrums im Jahr 2009, bietet der Nürburgring ganzjährige Attraktionen für Jedermann. Indooraktion verbunden mit einem Museum und Themenpark rund um Automobil und Mobilität.

With the introduction of Formula I racing, the Truck Grand Prix, vintage car rallies and 'Rock am Ring', one of the largest open air festivals in all Europe, the Nürburgring has become a venue of quite exceptional class, and it is no coincidence that it is also regarded as the queen of motor racing circuits. The opening of the all-year-round Leisure and Business Centre in 2009 has now ensured that the Nürburgring is an all-season attraction for everyone. This indoor centre contains a museum and theme park devoted to the topic of automobiles and mobility.

Le Truck-Grand-Prix, les courses d'Oldtimers et « Rock am Ring » , un des plus grands festivals de plein air d'Europe, concourent à lui donner son nom de « roi des circuits automobiles ». Après l'ouverture d'un complexe de loisirs et d'affaires en 2009, Nürburgring offrira des attractions pour chacun durant toute l'année. Un musée et un parc à thèmes associés à des activités en intérieur feront tout découvrir sur l'automobile et la motorisation.

Die Hohe Acht ist der höchste Berg der Eifel. Vom Aussichtsturm auf der 747 m hohen Basaltkuppe genießt man eine herrliche Fernsicht über das Rheintal bis nach Köln, dem Siebengebirge, dem Westerwald und über die Nordeifel bis zu den Ardennen. Charakteristisch für die Landschaft um die Hohe Acht sind die Wacholderbestände und das Heidekraut. Vom Wacholder, dem Machandelbaum der Märchen, werden noch alte Spukgeschichten erzählt.

The Hohe Acht is the highest mountain in the Eifel. From the observation tower on the 747 metre-high basalt summit there is a glorious view far out over the Rhine valley as far as Cologne, also of the Siebengebirge, across the northern Eifel to the Ardennes and of the Westerwald. The junipers among the heather are characteristic of the countryside round the Hohe Acht. Old people in the Eifel still tell spooky stories involving junipers, the tree of fairy tale and legend.

La Hohe Acht est la montagne la plus élevée de l'Eifel. La tour-belvédère, située sur un sommet basaltique de 747 mètres de hauteur, nous réserve une vue splendide sur la vallée du Rhin jusqu'à Cologne, sur le Siebengebirge (Sept montagnes), en passant par le Nord-Eifel jusqu'aux Ardennes et jusqu'à la fôret du Westerwald. Le paysage de l'Hohe Acht se caractérise par ses riches réserves de genévriers parmi la bruyère. Quant au genévrier, l'arbre des contes, les habitants de l'Eifel continuent toujours à raconter des histoires de revenants sur cet arbre.

Luftkurort MONREAL bei Mayen

Malerisch überragt von der Löwenburg und der Philippsburg, hat sich der Luftkurort Monreal inmitten des engen Elztals ein ungestörtes, reizvolles Ortsbild erhalten. Die stattlichen Fachwerkhäuser und die gotische Kirche sind Zeugen der einst blühenden Tuchmacherzunft. Die Elzbrücke mit den steinernen Löwen und dem heiligen Nepomuk ist ein malerisches Schmuckstück.

Health resort MONREAL

The health resort of Monreal is situated in the narrow Elz valley and is dominated by the picturesque castles of Löwenburg and Philippsburg. The town centre has retained its unspoiled and charming atmosphere. The splendid timbered houses and the Gothic church are evidence of the once flourishing weaving industry. The bridge over the Elz with its stone lions and Nepomuk figure is a picturesque gem.

Station climatique de MONREAL

Protégée par les ruines de son château, la station climatique de Monreal se dissimule dans la vallée de l'Elz. Les maisons publiques à colombages et l'églique gothique témoignent de la prospérité des importantes corporations de tisserands d'antan. Le pont de l'Elz, paré de lions de pierre et du Saint-Nepomuk, représente un chef-d'œuvre pittoresque.

Schloss Bürresheim vertritt mehrere Bau- und Stilepochen. Das nie zerstörte Schloss bewahrt in der Innenausstattung unverfälschten mittelalterlichen Charakter. – Mayen ist die größte Eifelstadt und auch die gewerbereichste. Ihre Wirtschaftsquellen fließen aus der uralten Basaltstein- und Lavaindustrie und aus der landwirtschaftlichen Nutzung des guten Lössbodens über den Lavafeldern. Ihr Wahrzeichen ist die sagenumwobene Genovevaburg, die sich mitten im Stadtzentrum befindet.

Bürresheim Castle has a number of architectural styles. The interior of the castle, which was never destroyed, has an atmosphere that is pure medievalism. – Mayen is the largest town in the Eifel and also the one with the most industry and trade. The age-old basalt and lava industry, farming and agriculture in the fertile soil above the lava fields are the source of its prosperity. Their landmark is the fairytale Genoveva Castle, which is in the middle of the city.

Le château de Buerresheim se caractérise par son architecture et son style datant de plusieurs époques. Ce château fort, n'ayant jamais été détruit, possède un mobilier d'intérieur de caractère purement médiéval. – Mayen est non seulement la plus grande ville de l'Eifel mais également la ville la plus riche en industries commerciales, industrielles et artisanales. La tour tordue de l'église Saint-Clément représente l'emblème de la ville et le château fort, le Genovevaburg.

Der Laacher See ist das größte der Eifelmaare und hat einen Durchmesser von 2,35 km und einen Umfang von 7,4 km. Bei seiner Entstehung wirkten unvorstellbare Kräfte aus der heißen Tiefe und zerrissen die Erdkruste. Glühende Gase in ungeheuren Mengen, vermischt mit Magma, Sand, Felsbrocken und Schlamm, brachen durch und überschütteten explosionsartig das Land. Wer eine Vorstellung der Ausmaße der vulkanischen Bewegungen aus dieser Gegend bekommen will, sollte eine Führung zum Mendiger erkalteten Lavastrom mit dem Vulkanmuseum Mendig unternehmen.

Laach Lake is the largest of the Eifel maars, with a diameter of 2.35 km and a circumference of 7.4 km. It was created by amazing powers at work in the hot depths of the earth, as the earth's crust was torn apart and huge quantities of boiling-hot gases poured out, mixed with magma, sand, rocks and mud, submerging the country round about in a massive explosion. If you would like to gain a vivid impression of the extent of volcanic activity in this region, you can do no better than to visit the cools Mendiger Lava Stream in Mendig Volcano Museum.

Le lac de cratère de Laach, le plus grand des lacs de l'Eifel, a un diamètre de 2,35 km et un volume de 7,4 km. Lorsqu'il vit le jour, des forces incroyables se mirent en activité depuis une profondeur très chaude, arrachèrent la croute terrestre, d'immenses quantités de gaz brûlants, constitués d'un mélange de magma, de sable, de fragments de roches et de boue, se franchirent un passage et submergèrent la région à une vitesse fulgurante. Des circuits dans la région dite refroidie Mendiger Lavastrom, organisés par le musée des volcans de Mendig donnent un aperçu des activités volcaniques de cet endroit.

Die Benediktinerabtei Maria Laach ist in einer über 900-jährigen Geschichte mit der Kultur und dem Leben der jüngsten Landschaft Europas verbunden, der Vulkaneifel. Der gewaltige Kirchenbau ist das schönste Denkmal romanischer Baukunst im Rheinland. Eine sechstürmige Pfeilerbasilika mit so genanntem Paradies und einem Kreuzgang aus dem 13. Jahrhundert bildet zusammen mit der kompletten Klosteranlage ein geschlossenes mittelalterliches Bild. Die Abtei ist immer noch im Besitz umfangreicher Güter, welche von den Mönchen verwaltet werden.

The Benedictine abbey of Maria Laach, which goes back over 900 years, is closely bound up with the cultural history and life of the Eifel. The huge church is the finest example of Romanesque architecture in the Rhineland. Maria Laach's grounds and buildings, including the fine six-towered basilica with its Paradise doorway and 13th century cloisters, present a fine example of a well-preserved medieval abbey. The abbey still possesses a considerable amount of property, which is administered by the monks themselves.

Avec un passé de plus de 9 siècles, l'abbaye bénédictine de Maria Laach est fortement liée à la vie culturelle et à l'histoire de l'Eifel. Avec son imposante architecture, l'église constitue l'un des plus somptueux monuments à architecture d'art roman de la région de l'Eifel. Près du lac de Laach, la basilique aux six tours abritant le « Paradies » et l'atrium, une sorte de cloître du XIIIe siècle, domine les autres bâtiments du monastère pour constituer un superbe tableau médiéval. L'abbaye bénédictine possède encore de nombreuses exploitations agricoles administrées par les moines.

◁ **BURG ELTZ am Elzbach / in Moselnähe**

Eingebettet in dunkle Wälder konnte sich die Burg Eltz im Mittelalter vor ihren Feinden schützen. Unversehrt liegt sie wie ein Märchenschloss im tiefen Elztal, das der Mosel zustrebt.

Surrounded by thick forests, Eltz Castle could easily protect itself from its enemies in the Middle Ages. Unharmed like a fairytale castle, it lives on in the deep Elz valley that feeds into the Moselle.

Erigé dans des sombres fôrets, le château fort d'Eltz pouvait se protéger de l'ennemi au Moyen Age. Ce château, qui a parfaitement conservé son visage d'antan, est situé comme un château féerique dans la profonde vallée de l'Elz qui se dirige vers la Moselle.

BURG Pyrmont bei Münstermaifeld ▷

Burg Pyrmont erhebt sich über einem Wasserfall des Elzbachs, hoch oben auf einem Schieferfelsen. Die im typischen Stil der Staufer errichtete Burg bekam einen 24 Meter hohen Bergfried als Wohnturm. Die aus dem 12. Jh. stammende Burg musste einige Familienfehden miterleben.

Pyrmont Castle stands above a waterfall of the Elzbach on a high slate outcrop. It dates from the 12th century and its style is typical of the Hohenstaufen dynasty. The residents occupied the 24-metre high keep, and as was usual at that time, were constantly involved in family feuds.

Pyrmont se dresse sur un rocher d'ardoise au-dessus d'une cascade de la rivière Elz. Construit dans le style typique des Staufer, le château est dominé par un donjon de 24 mètres qui était le lieu d'habitation au moyen âge. Dès le XIIe siècle, époque de sa fondation, il fut témoin de nombreuses luttes intestines dans la lignée des Staufer.

Vom Burgberg der Burg Olbrück (470 m) kann man bis zu den Schiffen auf dem Rhein blicken, eine Lage die schon die Römer aufmerksam machte. Die Höhenburg (12 Jahrhundert.) mit rautenförmigem Grundriss wurde durch den Besitz der unterschiedlichsten Familien und Adelsgeschlechter mit der Zeit zur Ganerbenburg. Trotz vieler Bemühungen konnte die Burg nach mehreren Zerstörungen vor ihrem ruinösen Zustand nicht bewahrt werden. Heute versucht man, das Wahrzeichen des Brohltals zu erhalten und möglichst weiter zu restaurieren.

The castle hill of Olbrueck (470 m) is a good point from which to observe shipping on the Rhine, a fact not lost to the Romans when they occupied the area. A special form of inheritance meant that Hoehenburg castle (12 century), laid out in a rhomboid shape, was jointly owned by several families and aristocratic houses. Hoehenburg was attacked many times, and despite attempts to save it, nothing could prevent it from falling into ruin. Today there is a renewed effort to conserve and restore this striking landmark of the Brohl valley.

Depuis le château d'Olbrueck qui domine la vallée de Brohltal (470 m), on peut voir les bateaux naviguant sur le Rhin, une position stratégique qu'utilisaient déjà les Romains. Le château du XIIe siècle, construit selon un plan rhombique, fut occupé par diverses lignées de nobles et agrandi à mesure que les familles s'élargissaient. Le château fut dévasté à plusieurs reprises, et malgré des tentatives de reconstruction au cours des siècles, il est tombé peu à peu en ruine. Aujourd'hui, l'accent est mis sur la conservation et la restauration possible du symbole de la vallée de la Brohl.

Hier sind wir am Ende unserer Rundreise durch das vom Atlantik klimatisch begünstigte Land der Eifel angekommen. Wir haben, ihnen, lieber Leser, einen guten Querschnitt aller wichtigen Sehenswürdigkeiten auf unserer Entdeckungsreise durch die Eifel vermittelt. Sicher gibt es auf eigenen Exkursionen noch vieles mehr zu entdecken. Somit ist unsere Auswahl als Anregung zu sehen und die gezeigten Orte und Sehenswürdigkeiten stehen stellvertretend für alle anderen hier nicht gezeigten Motive.

We have now reached the end of our round trip through the Eifel, a region whose climate profits considerably from its proximity to the Atlantic. Along the way we have given you an armchair tour of a selection of the most important sights of the region and we hope this will motivate you to explore its rich heritage and splendid scenery yourself. We will feel that our book has fulfilled its purpose if it encourages you to go out and discover more about the many treasures of the Eifel that await the interested visitor.

Nous voici arrivés à la fin de notre périple dans le pays de l'Eifel au climat vivifiant, bénéficiant d'influences atlantiques. Nous avons essayé de présenter aux lecteurs un ensemble intéressant des curiosités naturelles et historiques qu'offre l'Eifel. Il y a bien sûr beaucoup plus à découvrir lors de randonnées et d'excursions à travers cette région si captivante. Aussi, c'est surtout à titre d'exemples que nous avons choisi les lieux, localités et curiosités présentés dans ce livre, et en poursuivant aussi l'objectif de donner de bonnes suggestions aux visiteurs.

ZIETHEN-PANORAMA VERLAG
D-53902 Bad Münstereifel, Flurweg 15
Telefon (02253) 6047 · Fax (02253) 6756
www.ziethen-panoramaverlag.de

überarbeitete Auflage in Hardcover 2009

Redaktion und Gestaltung: Horst Ziethen
Einleitungstext: Christoph Wendt
Bildtexte: Anette Ziethen mit Textbeiträgen von Peter Kremer
Englisch-Übersetzung: Gwendolen Webster, John Stevens
Französische-Übersetzung: France Varry
Niederländische-Übersetzung: Transmit Deutschland, FRANK Sprachen&Technik

Produktion: Ziethen-Panorama Verlag

Printed in Germany

Softcover – ISBN: 978-3-93432-818-1
Hardcover – ISBN: 978-3-92993-274-4

BILDNACHWEIS:

Seite:
Horst Ziethen ....10, 12, 15, 16, 17, 22, 25, 41, 44 (4), 47+ Titel B, 49,
..........................50, 51, 52(4), 53, 54(3), 55, 56 (4), 58(2), 59, 62 A+D,
..........................70, 72 A, 80, 85, 101, 105, 108
© ZPV-Bildarchiv
Fotos Erich Justra 14, 20 (9), 21, 24, 27, 28, 29, 30/31, 32, 33, 34,
..........................35, 39, 40, 42, 46, 48 (2), 63, 66, 67 (4), 73 (2),
..........................74, 75, 77, 78, 79, 82, 83 (2), 84 (2), 87, 88 (A+B),
..........................90+Titel A, 93, 95, 96, 97, 100, 102, 104, Rücktitel

Foto Maas 8/9, 69, 89, 91, 107
HB-Bildarchiv/Peter Hirth ...11, 88 C, 94, 106+Titel D
Karl Kinne ....13, 18, 19, 60, 61, 62 B+C, 64, 65
Luftbildfotografie K. Pauly ..23, 26, 36, 38 B, 48 C, 68 (2), 95 o.l.

Horst Niesters: 37 (2) · Ernst Wrba: 38 A · Michael Jensch: 43 (3) ·
LVR Rhein-Freilichtmuseum Kommern: 45 A, B, D · Agentur profipress/LVR: 45 C ·
Das Luftbildarchiv/Wennigsen: 57, 103 · Manfred Delpho: 71+ Titel C ·
Archiv d.TW Gerolsteiner Land GmbH: 72B · Archiv Stadt Bitburg: 76 ·
Medienfabrik Trier: 81 · Greiner & Meyer: 86 · Vulkanmuseum Daun: 92 (3) ·
DPA/Rolf Kosecki: 98 · DPA/Thomas Frey: 99

Vordere Karte:
Ausschnitt aus der Berann-Deutschland-Panoramakarte von © MairDumont.
Hintere Karte: Institut für angewandte Geodäsie

KÖLN
ALSDORF
HERZOGENRATH
Würselen
AACHEN
ESCHWEILER
STOLBERG (Rheinland)
DÜREN
KERPEN
HÜRTH
BRÜHL
ERFTSTADT
WESSELING
NIEDERKASSEL
TROISDORF
LOHMAR
SIEGBURG
HENNEF (Sieg)
ST. AUGUSTIN
BORNHEIM
BONN
KÖNIGSWINTER
Zülpich
EUSKIRCHEN
Rheinbach
Meckenheim
Wachtberg
Mechernich
Bad Münstereifel
Schleiden
Hellenthal
Monschau
Simmerath
Roetgen
BAD NEUENAHR AHRWEILER
Sinzig
Remagen
Linz am Rhein
Bad Hönningen
NEUWIED
ANDERNACH
KOBLENZ
Mayen
Mendig
Blankenheim
Gerolstein
Daun
Prüm
Bitburg
Wittlich
Cochem
Zell (Mosel)
Traben-Trarbach
Bernkastel-Kues
Boppard
Schweich
TRIER
Diekirch
Echternach
Sankt Vith
Waimes
Büllingen
EIFEL
HUNSRÜCK